나는 저녁마다
삶의 방향을 잡는다

나는 저녁마다 삶의 방향을 잡는다

무너진 일상을
되찾는 저녁 1분 루틴

고토 하야토 지음
김은혜 옮김

21세기북스

단단한 나를 만드는
기적의 저녁 루틴

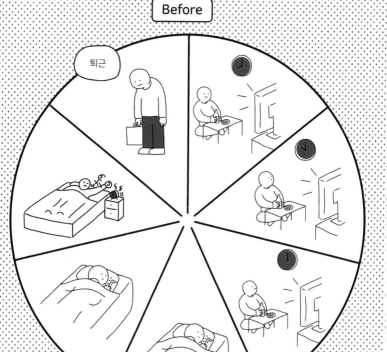

무기력하고 의미 없이 보내던 저녁이

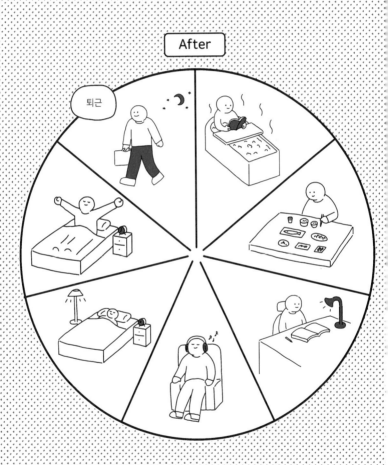

After

오직 나만을 위한 완벽한 저녁이 된다!

지친 마음을 회복하고, 단단한 나를 만드는 시간

지금 당신의 저녁은 어떤 모습인가요?

주 52시간 근무제 도입으로 일하는 방식이 개혁되고, 일과 삶을 중시하는 경향이 강해지면서 일을 떠나 개인적으로 쓸 수 있는 저녁 시간이 크게 늘었습니다. 서점이나 식당 등 퇴근 후 혼잡 시간대가 예전에는 저녁 9시 이후였다면, 이제는 저녁 6~7시로 바뀌었다는 것이 개인적으로 활용할 수 있는 저녁 시간이 늘어났다는 것을 보여주는 예입니다. 더욱이 코로나19가 전 세계적으로 유행하면서 재택근무가 증가하고 퇴근 시간이 앞당겨진 점

도 한몫을 하고 있죠.

처음에는 모두 '이제 저녁에 운동도 하고, 어학 공부도 해야지!'라며 퇴근 후 나만의 시간을 잘 보내기 위한 계획을 세웠을 겁니다. 그러나 지금, 그 계획이 잘 실현되어가고 있나요?

이 질문에 자신 있게 "그렇다"라고 대답할 수 있는 사람은 별로 없을 겁니다. 대부분 처음에는 들뜬 기대로 나름의 계획들을 세우지만, 며칠 지나지 않아 결국 흐지부지되고, 어느새 이전과 마찬가지로 퇴근 후 집에 돌아오면 '일단 좀 쉬자'라는 생각에 넷플릭스를 보며 휴식을 취합니다. 잠깐은 '아, 이게 진짜 휴식이지!'라며 만족하지만, 그러다 보면 어느새 10시, 11시가 되고, 그때부터는 '아무것도 한 게 없는데 벌써 10시라니!' 하며 왠지 무의미하게 하루가 지나는 것 같아 초조함을 느끼게 되죠.

하루가 이렇게 가버리는 게 아쉬워 침대에 누워서도 쉽게 잠이 들지 못하고, 졸음이 쏟아지기 직전까지 휴대폰을 만지작거리다가 결국 새벽이 되

어서야 잠이 듭니다. 그러고는 다음 날 아침, 찌뿌
둥하게 잠에서 깨어나 '어제 일찍 잘걸' 하는 후회
로 아침을 맞이하는 일상을 반복하는 사람이 아주
많을 겁니다.

그렇게 매일 매일을 보내다 보면 마치 내 인생
은 출퇴근이 전부인 것만 같아 허무하게 느껴질
때가 많죠. 일상을 좀 더 상쾌하고 활기차게 변화
시키고 싶은 마음은 언제나 굴뚝같지만 어디서부
터 시작해야 할지 몰라 계속해서 아까운 날들을
보내고 있습니다.

특히 저녁 시간은 하루 동안의 지친 몸과 마음
을 회복시키기에 더없이 좋은 시간대입니다. 종일
힘들게 일하고, 관계에 치이고, 스트레스를 받으며
소진된 상태에서 회복의 시간 없이 바로 내일을
맞이한다면, 아무리 좋은 아침 습관을 실천한다고
해도 한계가 있기 마련입니다.

아침 습관이 두근거리는 하루, 설레는 하루를
시작하게 해주는 힘이라면, 저녁 습관은 지친 나를

돌보고, 하루를 완벽히 마무리함으로써 새로운 내일을 맞이하게 해주는 힘입니다.

아침 습관을 통해 삶의 변화를 경험하고, 아침 습관의 중요성을 많은 이에게 전하는 중에도 저는 무언가 허전함을 느꼈고, 그게 바로 저녁 습관이라는 점을 뒤늦게 깨달았습니다. 모든 일에 시작과 끝이 있어야 완벽히 마무리되는 것처럼 우리의 하루도 마찬가지입니다.

그때부터 저는 아침 시간뿐만 아니라, "하루를 완벽히 마무리하는 저녁 시간 활용법"을 주제로 저만의 구체적인 저녁 습관을 알리기 시작했습니다. 특강을 진행할 때마다 놀랍게도 참가 요청이 쇄도했고, 이렇게 많은 사람이 저녁 시간 활용법을 궁금해한다는 사실에 저도 깜짝 놀랐습니다.

제가 지금까지 만나온 성공한 사람들, 누구보다 꾸준히 성과를 내는 사람들도 아침뿐만 아니라 저녁에 할 일을 따로 만들어 자신만의 저녁 습관을 다져왔습니다. 저녁 시간을 오로지 나를 돌보는 시간으로 활용한다는 점이 바로 그들의 공통점입니다. 나를 돌보는 시간을 가졌을 때 몸도 마음도 충전이 되며, 자존감이 회복되고, 나아가 어제보다 단단한 나를 만들 수 있게 됩니다.

이 책에서는 그동안 제가 강연에서 전한 방법 중 특히 많은 사람이 실천하고 효과를 본 방법들을 추려 알기 쉽게 정리했습니다. 책에서 다루는 방법은 모두 1~5분 정도면 실천할 수 있습니다. 모든 것을 한 번에 할 필요는 없습니다. 무리하지 말고 할 수 있는 것부터 시작해서 조금씩 늘려가고, 필요할 때 필요한 방식을 실천하면 됩니다.

이 책의 목적은 당신의 일상을 회복하고, 나아가 인생의 커다란 변화를 일으키는 것입니다. 부디이 책을 통해 인생을 변화시키는 저녁 습관을 갖기 바랍니다. 저녁 시간을 어떻게 보낼 것인가, 앞으로의 인생은 여기서 갈릴 것입니다.

자, 이제 변화를 위한 첫걸음을 시작해볼까요?

차례

제1장

나는
매일 저녁
새로운 나를
만든다

단번에 휴식 모드로
전환하는 한마디

당신은 외출했다가 집에 돌아올 때 "다녀왔습니다"라고 말하는가? 가족이 있는 사람이야 당연히 하겠지만, 혼자 살거나 집에 아무도 없을 때는 생략하는 사람도 많을 것이다.

'다녀왔습니다'는 가족에게 자신이 돌아왔음을 알리는 인사이지만, 또 다른 역할도 한다.

첫 번째는 오늘 하루 수고한 자신에게 전하는 위로다. 자신에게 건네는 말을 심리학에서는 '셀프 토크'라고 한다. 대표적인 말로 '나는 괜찮아'가 있는데 자신에게 격려가 필요할 때 효과를 발휘한다.

'다녀왔습니다'도 마찬가지다. 이 말을 함으로써 자신을 위로하는 동시에 자신이 오늘 집을 나서서 돌아오기까지 많은 수고를 했음을 새삼 인식하게 된다.

두 번째는 뇌와 마음과 몸을 휴식 모드로 바꾸는 스위치다. 집에 돌아왔다는 사실을 말로 표현하는 것은 진정한 의미의 사적 시간, 휴식 시간이 됐음을 뇌와 마음과 몸에 알리는 것이다. '퇴근하는 순간부터 개인 시간이잖아'라고 생각할 수도 있지만, 퇴근길은 다른 사람들 사이에 섞인다는 점에서 공적 시간과 장소라고 봐야 한다. 뇌와 마음이 편안해지는 곳은 사적 공간이다.

"다녀왔습니다"라고 말하면 뇌와 마음에 '편하게 있어도 돼'라는 메시지를 전달할 수 있다.

공적인 자리에 있을 때는 자신이 생각하는 것 이상으로 뇌와 마음과 몸의 세포 하나하나가 최대한의 능력을 발휘하기 위해 힘쓴다. 따라서 하루를 마무리할 때는 완벽한 휴식 모드로 전환해야 마음과 몸도 재충전을 할 수 있다. 그런데 많은 사람이 집에 돌아와서도 낮 동안의 긴장 상태를 유지한 채로 있다가 또 다른 하루를 맞이한다.

나도 그런 적이 있다. 아주 중요한 일이 있던 날, 너무 긴장한 나머지 집에 돌아와서도 긴장이 풀리지 않았다. 피곤한 상태 그대로 잠자리에 들었지만 쉽게 잠들지 못했고, 피로가 풀리지 않아 다음 날에도 최악의 컨디션으로 하루를 보냈다.

평소에 '다녀왔습니다'라는 말로 스위치를 전환히면, 뇌와 마음과 몸이 '휴식 모드에 들어가도 되는구나'라고 받아들인다. 그러면 힘든 하루를 보냈어도 충분하게 휴식을 취할 수 있어 다음 날 생기 있게 하루를 맞이할 수 있다.

실제로 이 습관이 몸에 배면 '다녀왔습니다'라는 말과 함께 나만의 시간이 시작된다는 심리가 작동해 뇌와 마음과 몸의 긴장이 완화돼 힘이 빠진다.

그러고 나면 하루의 피로가 서서히 해소된다.

저녁 시간은 휴식을 취하며 더 나은 내일을 위해 자신을 충전하는 시간이다. 그러려면 의식적으로 일하는 시간에서 휴식 시간으로 완벽히 전환해야 한다.

오늘부터 퇴근 후 집에 들어갈 때는 '다녀왔습니다'라는 말로 휴식을 시작하자.

피로와 후회를
초기화하는 시간

나만을 위한 저녁 시간을 보낼 때 중요한 것이 있다. 바로, 낮 동안의 자신을 끌어들이지 말아야 한다는 것이다. 특히 낮 동안 느꼈던 부정적인 감정을 떨쳐내지 못하고 집 안으로까지 그 감정을 가져온다면 온전한 휴식을 취해야 할 저녁 시간이 엉망이 되고 만다.

하지만 말이 쉽지, 집에 들어섰다고 해서 부정적인 감정을 일시에 떨쳐내기란 만만한 일이 아니다. 그럴 때는 거울로 자신의 모습을 보자. 하버드 대학교의 한 연구팀이 '짜증 날 때 거울을 보면 정신이 안정된다'라는 사실을 증명했다. 이는 또한 뇌 과학으로도 입증됐다.

아침에는 외모를 단정히 가꾸어야 하기 때문에 대부분 사람이 거울을 보지만, 밤에 자기 모습을 거울에 비춰 보는 사람은 많지 않을 것이다.

강연 때 이 질문을 몇 번 해본 적이 있는데, 여성은 70퍼센트 정도가 매일 밤 거울을 본다고 말한 반면 남성은 그러지 않는다고 답한 사람이 대부분이었다. 당신은 어떤가?

거울 보는 게 익숙하지 않은 사람이라면 거울 보는 시간을 따로 만들기가 귀찮을지도 모른다. 내가 추천하는 방법은 집에 돌아와 손을 씻을 때 거울 보기다. 손 씻기 전 2~3분 정도면 충분하다. 세면대 거울을 보면서 오늘 있었던 일 중 반성해야 할 점과 잘했던 일들을 떠올리고, 마지막으로 오늘 하루 고생한 자신에게 수고했다고 말한다.

예를 들면 다음과 같다.

- 거울을 보며 오늘 하루 고생한 나에게 "수고했어"라고 말한다.
- 하루 동안 실수했던 일들을 되돌아보며 '다음에는 이렇게 해보자'라고 개선안을 생각한다. 감정에 휘둘리지 않고 객관적이어야 한다는 점이 중요하다.
- 좋았던 일을 떠올린다. '점심이 맛있었어', '지하철이 붐비지 않아서 좋았어'처럼 사소한 일도 좋다.
- 마지막으로, "오늘도 고생했어"라고 자신을 격려한다.

이때 포인트는 실수투성이인 하루였다고 하더라도 반드시 좋았던 일을 떠올려야 한다는 것이다. 반면, 반성해야 할 점은 딱히 떠오르지 않는다면 억지로 찾아낼 필요 없다. 반성만 하고 끝내면 부정적인 기분으로 저녁 시간을 보내게 된다. 좋았던 일을 떠올려 긍정적인 상태로 만든 다음 자신을 격려하는 것이 핵심이다.

자신의 노력을 가장 잘 아는 사람은
바로 자기 자신이다.
가장 잘 아는 자신에게 진심으로 고마워할 때,
내일 하루도 힘차게 다시 시작할 수 있다.

만약 거울 속 자신과 마주하는 시간을 잠자기 전에 갖고 싶다면 그렇게 해도 되지만, 부정적인 감정이 가득 차 있을 때는 거울 보는 시간을 가능한 한 일찍 갖기를 바란다. 긍정적인 기분으로 하루의 수고를 정리함으로써 저녁 시간을 기분 좋게 시작할 수 있기 때문이다.

최선을 다한 자신을 인정하고 노력한 자신에게 수고했다고 격려하면, 마음이 한결 가벼워지고 하루의 피로와 후회가 초기화되면서 자신을 한 걸음 떨어져 객관적인 시선으로 바라볼 수 있다.

또한 거울을 보고 자신을 격려하면 자기긍정감

이 높아진다. 최선을 다한 자신을 인정하고 긍정하며, 고마움을 전해보자.

자신의 모습을 의식하기 시작하면 타인에게 신뢰감을 줄 수 있다. 바쁜 아침 시간대에 외모를 정돈하기 위해 보는 거울 속 자신과 차분한 저녁 시간에 보는 거울 속 자신은 전혀 다르다. 최선을 다한 자신의 모습을 충분히 바라봐 주자.

오늘의 실패를 절대로
내일까지 가져가지 않는다

온종일 좋은 일만 생기는 완벽한 하루가 있는가 하면, 무슨 일을 해도 안 되거나 문제가 생기고 회사나 주변 사람들에게 피해만 주게 되는 날도 있다. 그런 날은 자신을 탓하고 우울해하면서 부정적인 감정에 짓눌리게 된다. 하지만 오늘이 어떤 하루였든, 몇 시간 후면 반드시 내일이 찾아온다. 내일도 실패한 하루로 만들어서는 안 된다.

　매일 완벽한 하루를 보내는 사람들의 가장 큰 특징은 실패한 하루를 보냈더라도 절대로 그 실패를 다음 날까지 가져가지 않는다는 것이다.

그날의 부정적인 감정은
반드시 그날 안에 해소해야 한다.

부정적인 감정을 해소하는 방법은 다음과 같다.

· 집에 돌아오면 편안한 옷으로 갈아입는다.

· 마음이 편안해지는 자리에 앉는다.

· 오늘 하루를 되돌아본다. 좋았던 일은 거울 보기 행동으로 실천하고, 부정적인 감정을 없애는 데 중점을 두며 '왜 이런 아쉬운 상황이 벌어졌는지'를 생각한다.

· 원인을 찾았다면 그 상황에서 어떻게 했어야 좋은 결과를 낼 수 있었는지 해결책을 생각한다.

· 해결책을 찾았다면 좋은 결과를 유도할 수 있는 행동으로 시뮬레이션해본다.

· 오늘의 실패를 반성하면서 개선된 행동으로 좋은 결과로 유도한다.

이렇게 하면 아쉬웠던 결과를 이끈 행동과 대책이 명확히 드러나면서 머릿속에 강렬하게 남게 된다. 그러면 같은 상황이 펼쳐졌을 때 같은 실수를 반복하지 않게 된다.

4만 명이 넘는 사람들에게 기억력을 높이는 방법 등 뇌의 사용법을 가르친 오다 젠고(小田 全宏)는 저서 《머리가 좋은 사람의 뇌 사용법(頭がいい人の脳の使い方)》에서 이렇게 말했다.

복습의 속도는 사람마다 다르다. 다만 절대로 빠뜨려서는 안 될 타이밍이 있다. 바로 수업 직후다. '수업 시간에 잘 이해되지 않았던 부분은 집에 가서 복습하면서 이해해야지'라고 생각하는 사람이 많은데 완전히 잘못된 생각이다. 바로 복습해도 이해되지 않는다면 그 자리에서 선생님께 물어봐야 한다. 수업 시간에 이해하지 못한 부분은 나중에 복습해도 이해하지 못한다.

정신없이 하루를 보내다 보면 후회되는 순간, 실수를 저지른 순간 등 원치 않는 순간들을 마주하게 된다. 아쉬움과 후회를 떨쳐내지 못하고 저녁 내내 그 감정에 사로잡혀 있다면 내일 역시 아쉬움과 후회로 가득한 하루를 보낼 수밖에 없다. 되도록이면 집에 돌아와 가장 먼저 하루를 되돌아보며 앞서 소개한 것처럼 실수의 원인을 찾고 대책을 세우는 시간을 갖는 것이 좋다.

시뮬레이션을 마치고 나서는 실수나 문제는 깨끗하게 잊어버린다. 자신을 탓하고 좌절한다고 해서 달라지는 것은 없기 때문이다. 사람은 싫은 경험을 하거나 충격적인 일을 겪었을 때 그것을 강렬한 기억으로 남기는 경향이 있다. 하지만 부정적인 감정을 갖고 있으면 애써 시뮬레이션을 통해 좋은 결과로 유도했더라도 이후 실제 행동으로 연결하기는 어렵다.

또한 잠자리에 부정적인 감정을 가지고 가서는 안 된다. 잠자리에 가지고 가면 부정적인 잠재의식 상태에서 잠이 들기 때문에 다음 날 일어날 때도 힘들 뿐 아니라 부정적인 상태로 하루를 시작하게 된다. 이런 상태에서는 실수를 저지르기 쉽고, 주변에 피해를 주게 되며, 전날에 이어 거듭된 실패로 신뢰까지 잃게 된다. 좋은 결과를 유도하는 행동을 확실히 기억하기 위해서라도 실수나 문제는 잊어버려야 한다.

분노의 감정
내버려 두기

당신은 화가 난 적이 있는가? "아니요"라고 대답하는 사람은 아마 없을 것이다. 나도 화를 잘 내는 편은 아니지만, 불합리한 일을 당할 때는 어쩔 수 없이 분노의 감정을 느낀다. 저명한 사람 중에는 부정적인 감정은 갖지 않는 편이 좋다고 말하는 이들도 있지만, 인간은 감정의 동물이기에 억지로 참을 필요는 없다. 중요한 건 부정적인 감정이 생겼을 때 어떻게 하느냐다.

부정적인 감정 중에서도 '분노'는 매우 까다로운 존재다. 분노의 감정은 노르아드레날린이라는 호르몬의 영향을 받는다. 이 호르몬은 의욕을 불러일으키는 역할을 하는데, 과다 분비되면 제어 불능 상태가 된다. 상대방과 감정적으로 충돌해 문제를 일으키거나, 겉으로 드러내지 않더라도 속으로 품고 있다가 사소한 일에서 짜증을 폭발시킬 수 있다. 분노 탓에 평온한 상태를 유지하지 못해 본래의 나를 잃게 되고 생산성이 떨어지는 것이다.

내가 지금까지 만나온 성공한 사람들은 감정 컨트롤이 뛰어났다. 어떤 불합리한 상황을 만나도 화를 내지 않고 불쾌한 기분조차 드러내지 않았다. 내 눈에는 너무나 신기할 정도여서 어떻게 감정을 컨트롤하는지 한 경영자에게 물어본 적이 있다. 그는 '분노의 감정 내버려 두기' 선언을 한다고 알려주었다. 그가 알려준 내용을 토대로 나는 다음과 같이 분노의 감정을 내버려 둔다.

- 내게 일어난 일은 전부 하늘의 뜻이라고 여긴다.
- 일단 일어난 일을 이해하고 확인한다(처음에는 말

로 자신에게 알려준다).

- 일어난 일, 느낀 감정을 있는 그대로 받아들인다.
- '이런 일이 일어났구나', '지금 이런 감정이 드는 구나'라고 냉정하게 바라본 다음 '그래, 이 상황을 받아들이자'라고 머리와 마음으로 이해하면 끝이다(이것을 '흘려보낸다'라고 표현한다).

이때 '이런 건 생각하면 안 돼'라거나 '저 사람이 일부러 그런 거야' 같은 쓸데없는 해석은 하지 않는다. 그저 일어난 일만 본다.

어떤 결과도 편안하게 받아들이며,
자신과 다른 의견이 있어도 부정하지 말고,
지금 내가 할 수 있는 최선의 행동을 하며
하늘의 뜻을 기다린다.
이것이 좋은 결과를 이끈다.

분노의 감정을 내버려 두는 이 행동은 아침에

하는 것이 적합하지만 주변이 시끄럽거나 정신없는 곳에서는 잡념이 생기기 마련이다. 또한 분노의 감정이 강하면 한 번의 행동으로 모든 것을 내버려 두기 어려울 수도 있다. 짧은 시간이라도 밤에 조용히 보낼 수 있다면 아침 행동을 보완하는 방식으로 실천하기를 추천한다. 분노의 감정이 생긴 밤에 일단 한번 실천해서 중화해두면, 아침 행동에서 확실하게 제거할 수 있다. 그러면 분노의 감정에 휘둘리지 않고 평온한 마음으로 나답게 하루를 시작할 수 있어 일이 잘 풀린다.

분노의 감정은 자신도 모르는 사이에 쌓여 마음속에 앙금으로 남기도 한다. 정기적으로 이 행동을 실천해 마음을 청소해보자.

샤워를 저녁 식사 전에
해야 하는 이유

당신은 저녁 식사 전에 목욕을 하는 편인가, 아니면 저녁 식사 후에 하는 편인가?

'어느 쪽이든 상관없지 않나?'라고 생각할지도 모른다. 하지만 꽤 중요한 부분이다. 내 주변의 자기 삶을 잘 가꾸어나가는 사람들은 대부분 집에 돌아와 식사 전에 목욕을 한다. 그것도 가능하면 샤워가 아니라 욕조에 몸을 담근다. 서둘러 목욕을 함으로써 몸을 휴식 모드로 바꾸기 위해서다. 사람들을 상대하거나 일을 하는 공적 장소에 있으면 무의식중에 근육에 힘이 들어간다. 긴장하면 몸이 굳는 것도 그 때문인데, 무의식중에 일어난 일이라 대개는 인식하지 못한다. 이 힘을 빼지 않고 휴식 시간에 들어가면 속에 있는 진짜 피로는 풀 수 없다. 피로가 풀려야 우리 몸이 갖고 있던 본래의 감각이 되돌아와 저녁 시간을 활용하는 효과도 높아진다.

목욕은 하루의 피로를 풀어주는 중요한 시간으로 피로 회복 말고도 한 가지 더 중요한 역할을 한다. 바로 1인 미래회의, 1인 전략회의다. 1인 미래회의란 미래에 어떤 사람이 되면 좋을지 혼자서 생각하는 회의를 말한다. 그리고 1인 전략회의란 이상적인 내가 되기 위해서는 어떤 과정이 필요한지, 만약 현 단계에서 어떤 문제를 안고 있다면 그 해결책을 혼자서 모색하는 회의를 말한다.

욕조에 따뜻한 물을 받고 좋아하는 아로마오일을 한 방울 떨어뜨린다. 따뜻한 물이 가득 담기고 기분 좋은 향이 욕실 안에 퍼지면 회의 준비는 끝난다. 그다음에는 천천히 몸을 담그고 1인 미래회의, 1인 전략회의를 시작한다.

몸이 따뜻해지면 혈액순환이 좋아져 몸과 마음이 편안해진다. 이 상태에서 일의 미래를 생각하거나 비즈니스를 발전시키기 위한 전략을 생각한다.

모든 치장을 버리고
태어났을 때와 똑같은 모습이 되면
편안하게 마음속 대화를 나눌 수 있다.

자연스럽게 긍정적인 발상과 감정이 생기고, 멋진 미래를 위한 아이디어와 현재 상황을 해결할 수 있는 전략이 떠오른다. 떠올린 생각을 머릿속에 확실히 새기면 회의는 끝이 난다. 책상 앞에 앉아 있으면 현실과 이론이 머릿속에서 떠나지 않아 미래에 대한 발상을 자유롭게 할 수 없다. 긍정적으로 생각할 수 있는 장소에서 생각해야 한다. 다만, 욕조에 너무 오랫동안 있는 것은 추천하지 않는다. 몸이 지칠 수 있기 때문이다.

기분 좋은 휴식 상태에서 하는 미래회의, 전략
회의는 새로운 미래를 그려보는 데 큰 도움이 된
다. 꼭 실천해보길 바란다.

본래의 나로
돌아가는 시간

당신은 하루 중 얼마만큼의 시간을 혼자서 보내는가? 사람은 남들과 함께 있을 때보다 혼자 있을 때 생산성이 높아진다는 미국의 연구 결과가 있다. 다른 사람과 함께 있으면 타인의 시선이 신경 쓰여 집중력이 떨어지기 때문이다.

아리스토텔레스가 말했듯이, 인간은 사회적 동물이다. 즉 모든 사람이 자신에게 주어진 역할을 연기하며 살아간다. 부모로서, 자식으로서, 상사로서, 부하로서 등 각자에게 주어진 역할을 연기하며 하루를 보낸다. 역할을 연기할 때는 무의식중에 역할에 맞는 판단을 내린다. 아이와 함께 있을 때는 부모의 역할에 맞춰, 회사에서 부하 직원과 함께 있을 때는 상사의 역할에 맞춰 판단하기 마련이다. 바로 이 역할 때문에 자유로운 발상이 어려워진다.

하지만 어떤 역할을 맡더라도 당신은 당신이다.

의식적으로
자기만의 시간을 가져야 한다.

심리학에서는 나만의 방 등 한정된 공간에서 물리적으로 혼자 있는 것 말고도 완전히 낯선 사람들에게 둘러싸여 있는 것이 '혼자 있는 상태'이며 마음이 편안해지는 공간이라고 말한다.

나도 무언가를 생각하고 싶을 때면 다소 혼잡하더라도 아는 사람 하나 없는 공간을 선택한다. "다른 사람이 있으면 집중하기 어렵지 않나요?"라는 질문을 받기도 하지만, 나를 신경 쓰는 사람이 없기 때문에 나도 신경 쓰지 않아도 돼서 오히려 편안하다. 즉 역할을 연기할 필요가 없다는 뜻이다. 그러면 본래의 내 모습으로 생각에 잠기거나 글을 쓸 수 있다.

혼자 보내는 밤 시간에는 다양한 효과와 장점이 있다. 누구의 방해도 받지 않기 때문에 집중력이 높아진다. 또한 다른 사람의 존재나 역할을 의식하지 않아도 돼서 자유로운 발상이 가능하다. 더욱이 하루 동안 쌓인 몸과 마음의 피로도 풀 수 있다. 혼자만의 시간을 가지면 뇌가 '정말로 힘을 빼도 되는구나'라고 인식하기 때문이다.

그리고 무엇보다 느긋하게 자신을 돌볼 수 있다. 다른 사람은 신경 쓸 필요 없이 내가 좋아하는 일을 할 수 있고 자신을 되돌아볼 수 있다. 이를 주기적으로 하는 사람은 '나 자신'을 잃어버리지 않는다.

물론 혼자만의 시간을 낮에 가질 수도 있다. 하지만 활동하는 시간대이므로 자신의 역할에서 벗어날 수 없으며, 주변 사람의 영향을 받기 쉬워 오롯이 '혼자 있는 상태'가 되지 못한다. 따라서 혼자만의 시간, 혼자만의 상태를 오롯이 누릴 수 있으려면 저녁 시간이 가장 좋다. 억지로라도 시간을 내어 하루에 한 번은 꼭 혼자만의 시간을 누리도록 하자.

오늘 결심했던 일
체크해보기

모든 행동의 시작은 결단이다. 대부분 사람이 매일 수많은 결정을 내린다. 결정하고 행동하고 성과를 내면서 오늘이라는 하루가 흘러 내일이라는 미래가 만들어진다. 다만, 오늘 결단한 일을 실제 행동으로 옮겼느냐 아니냐에 따라 내일과 미래가 달라진다.

시간 관리에 능한 사람을 관찰해보면, 결단하는 타이밍을 조절하기는 하지만 한번 결단하면 착실하게 행동으로 옮긴다는 특징이 있다. 그렇게 내일이라는 미래를 만들고, 원하는 결과를 만든다. 하지만 그렇지 못한 사람은 결단은 내렸지만 행동으로 옮기지 못해 아무런 결과를 내지 못한다. 개중에는 행동으로 옮기는 것 자체를 잊어버리는 사람도 있다.

아무리 좋은 결단이라도 행동으로 옮기지 않으면 아무것도 생각하지 않은 것과 같다.

매일 저녁 하루를 되돌아보며 오늘 하루 어떤 결단을 내렸는지 되돌아보는 습관을 들이면, 결단했지만 행동으로 옮기지 못하는 사태를 막을 수 있다.

내 고객 중 한 여성은 매일 SNS에 자신의 일과를 올리기로 마음먹고 실행하고 있다. 그녀는 매일 그날 작성할 내용을 찾고 어떻게 작성할지 결정해서 정리를 하는데, 처음에는 결심한 대로 업로드하지 못하는 날이 많았다. 그러나 되돌아보기를 시작한 후부터는 업로드를 빠뜨리는 일이 없어졌고, 내용도 조금씩 좋아졌다. 그 결과 SNS 노출이 늘어나면서 그녀가 업로드한 내용에 공감하는 사람들이 나타났고, SNS를 통해 새로운 고객과 연결되기도 했다.

오늘의 결단을 되돌아보는 방법은 매우 간단하다. 우선 자신이 오늘 하루 동안 결정했던 일을 떠올린다. 마음속으로 생각하는 방법도 좋지만 처음에는 빠뜨리는 경우도 있으므로 종이에 쓰는 방법이 좋다. 단, 사소한 내용은 제외한다.

케임브리지대학교의 정신과 교수 바버라 사하키안(Barbara Sahakian)의 연구에 따르면 사람은 하루에 최대 3만 5,000번의 결정을 한다고 한다. 따라서 사소한 결정까지 전부 기록하다 보면 정작 중요한 일은 놓치게 되므로, 우선순위가 높은 것과 중요한 결과로 이어지는 것만 정리한다.

작성한 후에는 각각 실제 행동으로 옮겼는지 확인한다. 예를 들어 아침에 '오늘은 50페이지 분량의 원고를 써야지'라고 결정했다고 하자. 만약 달성했다면 행동으로 옮긴 자신을 충분히 칭찬하며 동그라미 표시를 하고, 달성하지 못했다면 그 이유를 찾는다. 이유를 찾아냈다면 다음에 똑같은 결단을 했을 때 같은 실수를 반복하지 않기 위해 어떻게 해야 할지 생각한다.

이유가 한 가지 이상일 수도 있다. 나는 글이 잘 써지지 않을 때는 집필 시간을 만들지 못해서 또는 집필 시간은 있었지만 의욕이 떨어져서 등이 이유였다. 이처럼 이유가 여러 가지일 때는 모두 적은 다음, 각각에 대한 해결책을 찾는다. 예를 들어 '집필 시간을 만들지 못해서'에 대해서는 '왜 시간을 만들지 못했는가', '어떻게 하면 시간을 만들 수 있는가'를 생각해 '틈새 시간을 활용한다', '웹서핑 시간을 줄인다' 같은 해결책을 찾아낸다. 각각의 이유를 깊이 파고들어 앞으로의 대책까지 생각해서 정리한다.

행동으로 옮겼음에도 성과를 내지 못하는 사람도 있다. 이럴 때는 본인이 눈치채지 못한 부분에서 제약을 받았을 가능성이 있다. 그러므로 행동으로 옮겼지만 성과를 내지 못한 결단에 대해서도 이유를 되짚어본다. 결단을 되짚어보면 무엇을 놓쳤는지 깨닫게 되고, 놓치게 된 이유를 명백하게 알 수 있다. 이를 알면 다음번에는 행동으로 옮길 수 있을 뿐만 아니라 만들어낸 결과의 질이 크게 좋아진다.

결과는 행동으로 만들어진다. 일상의 결정을 행동으로 옮기는 일은 매우 중요하다. 결단은 했지만 성과를 내지 못하는 사람은 결과와 행동의 관계를 재검토하여 결과의 질을 조절해야 한다.

무너진 일상을 되찾는 시간 ①

'오늘 결심했던 일' 체크리스트

오늘 결심했던 일	달성 여부
ex) 책 50쪽 읽기	×

실행하지 못한 이유	해결방안
다른 일을 하느라 깜빡함	독서 시간 알람 맞춰두기

제2장

하루가
완벽하게
마무리되는
저녁 루틴

하루 5분,
뇌가 정보를 정리하는 시간

우리는 정보의 홍수 속에서 살아가기에 그저 평범한 하루를 보내기만 해도 뇌에 상당한 부담이 가해진다. 더구나 요즘은 아침에 눈을 떴을 때부터 밤에 잠들 때까지 스마트폰과 컴퓨터 화면을 보는 게 예삿일 아닌가.

컴퓨터나 스마트폰을 과도하게 사용하면 당연히 뇌 역시 피로를 느끼고 정상적으로 작동하기 어려워진다. 또한 뇌가 조절하는 자율신경에 장애가 발생하기도 한다. 자율신경은 신체의 생명을 유지하는 데 필요한 기능을 담당하며 24시간 활동한다. 자율신경은 낮에 신체를 활발하게 움직일 때 활동하는 교감신경과 밤에 휴식을 취할 때 활동하는 부교감신경으로 나뉘는데, 두 가지 신경이 정상적으로 임무 교대를 해야 마음의 균형을 유지할 수 있다.

그런데 많은 이들이 뇌를 혹사하며 본래 부교감신경이 작동해야 할 시간까지 교감신경을 가동한다. 그러면 뇌와 마음에 피로가 쌓여 새로운 아이디어를 떠올릴 수 없다. 잊지 말고 밤에는 부교감신경이 일하게 해야 한다.

부교감신경을 의식적으로 활성화하고자 할 때는 힐링 음악이 효과적이다. 힐링 음악은 알파파를 유도하는데, 알파파에는 다양한 효과가 있다. 몸과 마음을 편안하게 해주고, 스트레스를 억제하며, 자율신경이 균형을 이루게 한다. 또한 최근에는 면역력을 높이고 질병을 예방하는 효과도 있다는 사실이 밝혀졌다.

잠들기 한 시간 전부터 힐링 음악을 들으면 부

교감신경 영역의 스위치가 켜져 낮에 받았던 스트레스가 조금씩 해소되면서 휴식 모드로 들어간다. 마음과 뇌가 편안해지면서 양질의 수면에 들 수 있다.

수면 평가 연구기관의 대표 시라가와 슈이치로(白川修一郎) 박사는 이렇게 말했다.

"뇌는 수면 부족의 영향을 가장 받기 쉬운 기관이다. 수면이 부족하면 기억력, 논리적 사고력 등 뇌의 모든 기능이 저하된다. 피로가 쌓인 뇌에서는 좋은 아이디어가 떠오르지 않는다."

시라가와에 따르면, 우리가 자는 동안 뇌는 낮에 입력된 정보를 꺼내기 쉬운 상태로 인덱스화한다. 잠에서 깨어난 후에는 양질의 수면으로 깔끔하게 개선된 뇌가 활발하게 활동하면서 정리해두었던 정보를 의외의 곳으로 연결해 참신한 아이디어를 내놓는다.

매일 밤 뇌와 마음을 충분히 쉬게 하면

낮 동안 입력된 정보가 뇌에 잘 정리돼
좋은 아이디어를 떠올릴 수 있다.

　마음에 안정을 주는 음악은 사람마다 다르다. 나는 주로 느긋한 리듬에 음성이 들어가 있지 않은 악기 연주나 졸졸 흐르는 물소리 또는 파도 소리를 듣는다. 친구는 헤비메탈을 들을 때 마음이 편해지고 피로가 풀린다고 한다.

　당신이 들었을 때 마음이 편해지는 음악을 선택하기 바란다. 잠들기 한 시간 전부터 틀어놓고 뇌를 쉬게 한 후 잠들면 양질의 수면을 취할 수 있다.

나만의 굿플레이스를
만들어라

내 방에는 1인용 소파가 있다. 편하게 쉴 수 있는 소파가 갖고 싶어 여러 가구를 찾아보던 중 마음에 쏙 드는 제품을 발견해 구입했다. 편안한 휴식은 물론, 노트북 작업 등 입무와 관련된 일을 할 때 이 소파는 아이디어를 떠오르게 하는 장소이기도 하다.

처음에는 'TV 볼 때 아주 좋겠다' 정도로만 여겼다. 그런데 어느 날 아무 생각 없이 앉아 있는데 다양한 생각이 머릿속에 떠올랐다. 친구와 나누었던 대화, 업무와 관련된 일, 며칠 전 외출했을 때 있었던 일 등이다. 왜 그런 것들이 떠올랐는지 이해하지 못했지만 떠오르는 일들을 따라가다가 그 이유를 찾았다. 꼬리를 물고 떠오르는 생각들에 초점을 맞춰보니 그곳에 아이디어의 씨앗이 있었다. 이후에도 비슷한 일들이 여러 번 있었다. 소파에서 떠올린 아이디어의 씨앗을 발전시켜 새로운 비즈니스 모델을 만든 결과 큰 열매를 얻었다.

요즘에도 나는 아이디어가 필요할 때면, 관련된 정보를 사전에 머릿속에 넣고 가볍게 와인 한 잔을 들고 소파에 앉아 생각할 시간을 갖는다. 우선은 하루의 피로가 쌓여 있는 만큼 무리하지 않고 편안해지기를 기다린다. '○○에 대해서 생각해보자'라고 하기보다 머릿속에 넣은 정보의 파편이 두둥실 떠올라 이리저리 서로 연결되게 한다. 그중에서 쓸 만한 아이디어를 잡아낸다.

왜 업무용 책상에서는 떠오르지 않던 아이디어가 1인용 소파에서는 잘 떠오를까? 업무용 책상은 '일을 하는 곳'으로 인식하기 때문에 자연스럽게 업무의 연장선으로 받아들인다. 그래서 '이렇게 해야 하는데', '이걸 반영해야 하는데'처럼 발상의 폭을 스스로 제한하게 된다. 그에 반해 1인용 소파는 목적이 따로 정해져 있지 않고, 편안하게 쉴 때 사용하기 때문에 몸과 마음이 이완돼 나만의 세계에 빠져들기 쉽다. 방해하는 사람들도 없으니 혼자서 자유롭게 상상의 세계에 빠져들 수 있다.

뇌 과학자 모기 겐이치로(茂木健一郎)는 한 인터뷰에서 뇌를 활성화하는 데 좋은 음식과 음료, 장소 등에 대한 질문을 받았을 때 "특별히 어떤 것이라고 정해져 있진 않지만, 자신이 좋아하는 음식, 장소가 좋습니다"라고 대답했다.

자신이 편안함을 느끼는 환경에서
좋아하는 음식을 먹으면
뇌의 기분이 좋아져 아이디어가 떠오른다.

혼자서 즐길 수 있는 장소를 마련한 다음 좋아

하는 간식거리를 들고 앉아 아이디어를 기다려보
자. 놀라운 아이디어로 놀라운 기회를 만들게 될지
도 모른다.

생각을 멈추고
밤하늘을 바라본다

요즘에는 마인드풀니스가 사람들의 생활 속에 정착해 있다. 마인드풀니스란 '지금, 여기'를 소중히 여기는 삶의 방식을 말한다. 구글 등 실리콘밸리의 기업에서 사원 연수 프로그램으로 도입한 것을 계기로 세계 곳곳의 유명 기업들도 사원 연수로 채택하고 있다. 그 효과는 뇌 과학에서도 증명됐는데 미국 하버드대학교 연구팀의 실험이 세계의 이목을 끌기도 했다.

마인드풀니스는 인간을 우주의 일부로 생각한다. 넓은 세계, 오랜 역사 속에서 '지금, 여기'에 자신이 있다는 것을 인식하는 시간을 가져보자.

잠시 잠깐 갖는 이 시간으로
눈앞의 작은 일에 흔들리지 않고
자신의 본래 모습으로 되돌아갈 수 있다.

나는 마인드풀니스가 유행하기 전부터 정기적으로 우주와 조화하는 행동을 실천하며, 우주의 파워를 몸으로 끌어들이기 위해 노력해왔다. 방법은 매우 간단하다.

별이 보이는 밤, 밖으로 나가(베란다도 괜찮다) 밤하늘을 향해 손바닥을 위로 가게 하여 양손을 펼친 다음 마음속으로 이렇게 말한다.

'우주의 무한한 에너지여, 나에게로 오라.'

그렇게 하면 하늘에서 한 줄기 굵은 빛의 에너지가 내려와 머리를 거쳐 몸 안으로 들어가는 듯한 느낌이 든다. 어떤 느낌인지는 사람마다 다르지만 순간적으로 현실 세계를 잊게 된다. 그대로 명상에 들어가기도 하며, 사고가 멈추고 새롭게 정비된다.

노천온천에 들어가 아름다운 밤하늘을 보고 있으면 문득 마음속의 고민과 불안, 머릿속을 차지하고 있던 생각들이 잠시 사라진 듯한 경험을 해본 적이 있지 않은가? 이를 의식적으로 실천하는 것이다.

물론 이런 이야기를 좋아하지 않는 사람도 있을 것이다. 그런데 한 여성이 반신반의하면서 이 행동을 실천했는데, 마음이 차분해지고 고민과 불안에서 해방되면서 긍정적으로 생각하게 됐다며 기뻐했다. 그녀가 말하길, 에너지가 충전된 느낌이었다고 한다.

속는 셈 치고 당신도 한번 시도해보길 바란다. 우주의 거대한 에너지를 느낄 수 있을 것이다. 지친 하루의 끝, 우주의 에너지를 충전해 충만한 마음으로 잠자리에 들어보자. 바로 다음 날이면 확연히 다른 아침을 맞이하게 될 것이다.

평정심을 찾게 해줄
나만의 좌우명

당신은 좋아하는 사자성어가 있는가? 사자성어는 문자 그대로 네 개의 한자를 조합해 하나의 의미를 표현하는 말이다. 불교의 가르침이나 옛 위인, 유명하고 박식한 사람들이 체험하고 배운 것을 토대로 만들어 지금까지 전해져 온 것들이 많은데 인간으로서 배워야 할 점, 삶의 지혜 등이 담겨 있다. 긴 인생을 살아가면서 벽에 부딪히거나 길을 잃었을 때의 마음가짐, 마음의 지침이 되는 말들이 많다.

내가 좋아하는 사자성어는 안심입명(安心立命),

주일무적(主一無適), 염퇴완정(恬退緩靜)이다. 안심입명은 '편안한 마음으로 하늘의 뜻을 기다린다', 즉 눈앞에서 일어난 모든 일은 내가 끌어당긴 필연이라는 뜻이다. 일희일비하지 않고 목표를 실현하기 위해 지금 할 수 있는 최선을 다한 후에 하늘의 뜻을 기다린다는 의미가 담겨 있다. 주일무적은 '하나의 선택에 집중한다'라는 뜻이다. 어떤 일을 할 때는 행동과 사고가 여기저기로 흩어져 있지 않아야 한다는 의미로 쓰인다. 염퇴완정은 '싸움은 멀리하고 느긋하고 차분하게 있어라', 즉 사람과 대립하고 싸워도 얻어지는 것은 아무것도 없다는 뜻이다. 불필요한 싸움을 피하고, 평온하게 자신을 지키는 것이 중요하다는 말이다.

이 세 가지는 현재 나의 좌우명이자 마음의 지침이다. 내 방에는 세 개의 사자성어가 적힌 종이가 붙어 있다. 매일 밤 1분 동안 바라보며 오늘 하루 생각과 행동에 잘못이 있지는 않았는지 확인하며 마음을 재정비한다.

좌우명으로 삼을 만한 사자성어를 찾기 어려울 때는 현재 '하고 싶은' 일을 짧은 문장으로 만들어보자. 그리고 그 문장을 밤마다 바라보자. 그 짧은 문장을 보기만 해도 마음이 정돈되고 의욕이 생긴다.

마음을 정돈하고
앞으로 나아갈 시간을 의식함으로써
일상에서 흔들렸던 자신을
본래의 자신으로 되돌릴 수 있다.

사자성어든 짧은 문장이든, 좌우명은 평정심을 유지하는 데 큰 도움이 된다.

서가명강

서울대 가지 않아도 들을 수 있는 명강의 ㅇ

* 서가명강 시리즈는 계속 출간됩니다.

불안의 끝에서 쇼펜하우어, 절망의 끝에서 니체

강용수 지음 | 22,000원

철학 교양서 최장기 1위, '쇼펜하우어 신드롬'의 주역
45만 독자가 선택한 강용수 박사의 철학 수업 완전판

니체 전문가이기도 한 강용수가 이번엔 쇼펜하우어와 니체의 주요 사상을 빌려 한층 완성된 지혜로 삶의 의지와 용기를 탐색해 간다. 후회, 관계, 인생, 자기다움 총 4가지 주제로 인생의 다양한 고민과 질문에 쇼펜하우어와 니체의 철학적 혜안을 선사한다.

선악의 기원

폴 블룸 지음 | 최재천·김수진 옮김 | 값 22,000원

세계적인 심리학자 폴 블룸, 아기에게 선악을 묻다!
"도덕감각은 타고나는 것일까, 만들어지는 것일까?"

폴 블룸은 아기의 마음을 통해 인간 도덕성의 기원을 탐구한다. 철학, 심리학, 뇌과학 등 다양한 학문을 넘나들며 선악의 본질을 파헤치고, 더 나은 인간이 되는 길을 제시한다. 명쾌한 분석으로 가득한 이 책은 인간 도덕성의 뿌리와 진화 과정을 탐구하며, 우리 자신과 타인을 이해하는 새로운 눈을 갖게 한다.

허무감에 압도될 때, 지혜문학

김학철 지음 | 값 18,800원

무의미한 고통에 맞서는 3000년의 성서 수업

삶을 이야기하는 신학자 김학철 교수가 4대 성서 고전을 통해 '삶이란 무엇인가'라는 본질적 물음을 성찰한 힐링교양서이다. 무의미한 고통에 맞서는 법, 덧없는 삶을 즐기는 법, 먼 곳에서 내 삶을 바라보는 자세까지, 고통을 이겨내고 삶의 의미를 되찾는 심오한 지혜를 얻어갈 수 있을 것이다.

행복의 기원

서은국 지음 | 값 22,000원

인간은 행복하기 위해 사는 게 아니라,
살기 위해 행복을 느낀다

"이 시대 최고의 행복 심리학자가 다윈을 만났다!" 심리학 분야의 문제적 베스트셀러 『행복의 기원』 출간 10주년 기념 개정판. 뇌 속에 설계된 행복의 진실. 진화생물학으로 추적하는 인간 행복의 기원.

천 번을 흔들리며 아이는 어른이 됩니다

김붕년 지음 | 값 17,800원

"아이 스스로 불안을 마주하게 하라!"
사춘기 성장 근육을 키우는 뇌·마음 만들기

ADHD에서 자폐 스펙트럼, 정서·행동 문제까지, 대한민국 부모들에게 전폭적인 지지와 신뢰를 받으며 진료 대기가 3년에 이르는 서울대병원 소아청소년정신과 김붕년 교수의 신작이다. 아이가 어른이 되어 가는 과정인 '사춘기'의 예민한 뇌와 마음을 지키는 근육을 키우고 단단한 인생으로 이끄는 성장 법칙을 담았다.

공부가 아이의 길이 되려면

오평선 지음 | 19,800원

"공부 정서보다 공부 신뢰가 먼저다!"
스스로 공부하는 아이를 만드는 38가지 부모 신뢰 수업

아이를 믿어주는 게 너무 어려운 학부모들에게 '부모의 신뢰'에 대한 새로운 방법론을 제시한다. 15만 독자가 선택한 베스트셀러 작가이자 26년 내공의 진로코칭 전문가 오평선이 전하는 실사례 중심 접근과 이론 바탕의 실증적인 조언들은 내 아이의 강점 혁명을 이끄는 공부 솔루션이 되어줄 것이다.

아이를 무너트리는 말, 아이를 일으켜 세우는 말

고도칸 지음 | 한귀숙 옮김, 이은경 감수 | 값 19,000원

'슬기로운초등생활' 부모교육전문가 이은경 추천!
상처 받기 쉬운 아이의 마음을 지키는 대화법 70가지

이 책은 소아청소년 정신건강의학과 전문간호사인 저자가 병동에 찾아온 아이들의 다양한 케이스를 보면서, 부모들이 아이의 마음을 무너트리기보다는 아이의 마음을 일으켜 세워 주는 대화와 행동을 해 주었으면 하는 바람을 담아 70가지 대화법으로 소개한다.

고층 입원실의 갱스터 할머니

양유진(빵먹다살찐떡) 지음 | 값 18,800원

100만 크리에이터 빵먹다살찐떡 첫 에세이
처음 고백하는 난치병 '루푸스' 투병

누군가의 오랜 아픔을 마주하는 일이 이토록 환하고 유쾌할 수 있을까? 수많은 이들에게 다정한 웃음을 선사한 크리에이터 '빵먹다살찐떡'이 지금까지 숨겨두었던 난치병 투병을 고백한다. 진솔하고 담백한 문장 속에, 생사의 갈림길마다 씩씩하게 웃을 수 있었던 섬세하고 유쾌한 긍정의 힘이 그대로 담겨 있다.

마더: 무덤에서 돌아온 여자

T.M. 로건 지음 | 천화영 옮김 | 값 22,000원

전 세계 200만 부 판매! 22개국 출간!
반전 심리 스릴러의 거장 T.M. 로건 최신작

당신에게 삶의 의미였던 모든 것이 사라진다면…?
억울하게 남편 살해 누명을 쓰고 모든 것을 빼앗긴 여자,
엄마라는 이름으로 진실을 파헤치기 위한 추적을 시작하다!

블랙워터 레인
브링 미 백

B. A. 패리스 지음 | 각 이수영, 황금진 옮김 | 값 18,800원

심리스릴러의 여왕 B. A. 패리스!
민카 켈리 주연 영화 〈블랙워터 레인〉 원작!
모든 것을 의심하게 만드는
압도적 반전 스릴러

후린의 아이들,
베렌과 루시엔, 곤돌린의 몰락

J.R.R. 톨킨 지음 | 크리스토퍼 톨킨 엮음 |
김보원 · 김번 옮김 | 각 값 39,800원

J.R.R. 톨킨 레젠다리움 세계관의 기원,
크리스토퍼 톨킨 40년 집념의 결실!
가운데땅의 위대한 이야기들

반지의 제왕
– 출간 70주년 기념 비기너 에디션

J.R.R. 톨킨 지음 | 김보원, 김번, 이미애 옮김 |
값 154,000원

가운데땅 첫 걸음을 위한
가장 완벽한 길잡이,
인생에서 꼭 한 번은 읽어야 할
영원한 판타지 걸작.

2025 한국경제

류덕현 · 이근 외 경제

동상이몽에 빠진
변곡점에 선 세계

복잡한 글로벌
단하고 2025년
가 33인의 혜
계 및 한국
이슈까지

내가 너에게 좋은 느낌이

김민철, 김하나, 하미나, 홍인혜(루나), 황선
당신의 삶을 단단하게 만드는
좋은 느낌은 무엇인가요?

김민철, 김하나, 하미나, 홍인혜 황선우
에서 '좋은 느낌'을 받은 순간을 자신만의
리 주변에 어떤 좋은 느낌이 있는지, 어
만들어갈 수 있는지 고민하게 한다. 다
이다 보면 자기만의 좋은 느낌을 완성하

클래식 클라우드 035 괴테

주일선 지음 | 값 28,000원

삶의 매순간 만나는 수천의 개별 존재
에 반응하는 방식으로 자신을 바꾸어

이 책은 단순히 과거의 위대한 문호로서의 괴테기
에도 여전히 유효한 사상가로서의 괴테가
생태학적 사상이 현대의 환경 문제와 어떻게 연결
의 세계시민주의적 태도가 오늘날의 글로벌 시대
가질 수 있는지 현대인의 길잡이로서 괴테의 면모를

자취

자취님

67
대

사랑은 노동

모이라 와이글 지음 | 김현지 옮김 | 값 38,000원

소비자본주의와 함께 발전해 온
현대 데이트 문화의 모든 것

"결혼이 연애 시장에 뛰어든 모두가 바라는 장기 계약
데이트는 가장 불안정한 형태의 무급 인턴십이다!" 마르
의 페미니스트의 관점에서 쓴 사랑· 섹스· 구애의 역사. 만
노동, 데이트(Date)에 얽힌 경제와 사회와 낭만의 동역학.

홍보의

창조적 시선

김정운 지음 | 윤광준 사진 | 값 108,000원

김정운의 지식 아카이브 속 키워드 '바우하우스'
풀어낸 창조적 시선의 기원과 에디톨로지의 본질

바우하우스는 '재현의 시대'에 얻은 인류의 성과
술과 기술의 결합을 모색하며 새로운 '편집의 시대'를 해체하고 예
의 '창조 학교'다. 바우하우스 설립 배경과 인물 간의 스토리를
지식구성사적으로 연결해 '창조적 사고의 계보학'으로 완성한 이
책은 창조적 관점을 찾는 이들에게 최고의 안내서가 될 것이다.

미친 아
책은 일론 머스크
않은 그의 다른 면모를 모아
복잡하고 논쟁적인 인물을 일화 중심
종합적이고 깊이 있게 이해할 수 있게 될 것이다.

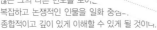

나 홀로
패션쇼를 한다

성공한 사람은 '자신의 장점'을 잘 안다. 자신이 잘하는 것과 해야 할 것을 객관적으로 보고 판단하며, '장점'을 더욱 부각하기 위해 노력한다. 외모에서도 마찬가지다.

언제나 자신을 아름답게 가꾸는 여성 경영자가 있다. 그녀는 "어떻게 항상 아름다움을 유지하십니까?"라는 질문을 받자, 잠시 생각하더니 "언제나 '지금'의 저에게 어울리는 모습을 고민하기 때문입니다"라고 대답했다.

예전에 패션 관련 일을 했던 분에게서 "사람은

날마다 변하는데, 많은 사람이 '한때 어울렸던' 옷만 입어요"라는 말을 들은 적이 있다. 아무리 젊어 보이는 사람도 30대에 어울리는 색과 50대에 어울리는 색은 다르다. 나이에 따라 피부의 윤기가 달라지고, 지위가 변화하며, 풍기는 분위기도 바뀌기 때문이다. 그런데 많은 사람이 '지금도 젊었을 때와 달라진 건 아무것도 없어'라고 생각하며 옷차림과 헤어스타일을 바꾸지 않는다. 심지어는 '나에게 어울린다는 얘기를 들었으니까' 또는 '편안하니까' 같은 이유로 무난한 옷을 고르는 사람도 있다.

시대의 변화에 따라 새로운 것들을 다루면서도
자신은 옛날과 똑같은 모습을 하려 한다.
이런 사람을 매력적이라고 할 수 없다.

새롭게 꾸밀 필요까지는 없지만, '현재' 자신의 장점을 보지 않고 옷을 정하는 것은 스스로 장점을 버리는 것과 같다. 현재 자신의 장점을 살리는 옷은 자신을 소개하는 데 빠뜨릴 수 없는 강력한 무기다. 신중하게 선택해야 한다.

　나는 새로운 재킷 등 옷을 산 날 저녁이나 새로운 만남이 있는 모임 등에 참석하기로 되어 있을 때면 전신거울 앞에 서서 '나 홀로 패션쇼'를 연다. 우선 상대방에게 어떤 인상을 보여주고 싶은지 결정한다. 나는 빈틈없다는 인상을 주고 싶기 때문에 옷 하나하나의 매력보다는 전체적인 모양과 색의 조합을 생각한다. 사람은 시각을 통해 얻는 정보를 중시한다. 아무리 좋은 이야기를 해도 어울리지 않는 옷을 입고 있으면 옷에 대한 이미지가 강하게 남아 그대로 상대방의 뇌에 각인된다. 나 홀로 패션쇼를 통해 상대방에게 주는 인상을 크게 바꿀 수 있다.

　여유로운 밤 시간에 혼자 패션쇼를 하다 보면 코디를 다양하게 시도해볼 수 있다. 그러다 보면 멋진 스타일을 발견하게 되기도 하는데 기분이 절로 좋아진다. 나 홀로 패션쇼로 어울리는 스타일과 센

스를 익혀두면 시간이 없을 때 적당히 코디해도 상대방에게 보여주고 싶은 이미지를 연출할 수 있다.

겉모습은 내면의 가장 바깥 모습이다. 자신의 가치를 높이는 스타일을 밤에 준비하는 습관을 들이자.

기분 좋은 내일을 위해
가방을 비운다

무슨 일이든 오랫동안 제대로 하기 위해서는 관리가 필요하다. 큰돈을 주고 구입한 고급 시계도 제대로 관리를 하지 않아 시곗바늘이 멈추면 쓸모없는 물건이 된다. 제때 배터리를 교체해 잘 작동하는, 길거리에서 산 시계보다 못한 물건이 된다.

아무리 뛰어나도 관리하지 않으면 능률이 떨어진다. 하루를 멋지게 살아가는 사람은 자기 자신은 물론이고 평소에 사용하는 물건까지 잘 관리한다. 아무리 컨디션이 좋아도 업무에 사용하는 도구의 상태가 나쁘면 좋은 결과를 낼 수 없다는 사실을 알기 때문이다. 시계, 만년필, 노트북 등 사용하는 모든 물건이 당신을 지원한다. 그런 지원이 뒷받침될 때 비로소 최고의 능력을 발휘할 수 있다.

이를 위해 저녁 시간을 활용해 추천하고 싶은 방법이 있다. 내가 잘 아는 CEO 중 한 명도 이 방법을 실천하고 있다고 한다. 바로 매일 밤 집에 돌아오면 가방 속의 모든 내용물을 꺼내 책상에 죽 늘어놓는 것이다. 꺼내놓은 내용물을 하나씩 확인하며 관리한다. 확인한 후에는 다음 날 곧바로 사용할 수 있도록 필요한 물건만 따로 정리한다. 이때 가방 상태도 함께 확인한다.

왜 가방을 비워야 할까? 언제나 기분 좋게 일하기 위해서다. 항상 사용하는 물건이라는 이유로 가방에 계속 넣어두다 보면 어느새 짐이 늘어나고 지저분해진다. 가방을 열 때마다 필요한 물건을 바로 찾지 못해 짜증이 나고, 이는 다른 일에도 영향을 미친다. 인생에서 가장 아까운 시간이 물건을 찾는 데 쓰는 시간이다. 조금이라도 그 시간을 줄

여보자.

　나 역시 밤마다 가방을 비우고 정리한다. 다양한 일을 하기 때문에 자료가 섞이지 않도록 투명한 파우치나 클리어파일 등을 활용해 용도별로 정리하고, 사용할 가능성이 작은 물건이나 최근에 사용하지 않은 물건은 과감히 뺀다. 이렇게 하면 물건을 찾느라 헤매지 않게 될 뿐만 아니라 물건을 잃어버리는 일도 없어진다.

　또한 중요한 서류를 다른 사람에게 보여주는 등의 실수도 방지할 수 있다. A사의 담당자에게 B사의 거래 내용을 보여주면 돌이킬 수 없는 상황이 벌어질 수도 있다. B사의 거래 내용을 본 A사 담당자가 '우리 서류도 다른 곳에 가서 보여줄지 몰라'라며 의구심을 갖게 된다. 무엇보다, 가방 속 서류를 찾지 못하거나 서류가 뒤죽박죽되어 있는 상태를 좋아할 비즈니스 파트너는 없을 것이다. 전날 밤에 정리해두면, 가방 속 상태를 기억할 수 있으므로 그런 일은 발생하지 않는다.

가방 속을 정리하면
좋은 일만 일어난다.

깨끗한 장소에는 좋은 기운이 흐른다. 깔끔하게
정리한 가방을 가지고 다니면 언제나 좋은 기운이
따라다닌다. 최고의 능력을 발휘하기 위해 가방을
강력한 지원군으로 활용해보자.

감각을 자극해 뇌를 깨우는
가장 쉬운 방법

나는 친구나 지인, 고객에게 요즘 인기 있는 가게에 대한 얘길 들으면 틈을 내서 찾아가 맛있는 음식을 먹는다. 보통은 예약을 하고 방문하지만 아이디어가 잘 떠오르지 않을 때는 그냥 찾아가기도 한다. 뇌를 편안하게 하고 즐거운 자극을 주기 위해서다. 바쁘게 일하며 보내는 낮 시간에는 절대 누릴 수 없는 호사다.

맛있는 음식을 먹으면 오감, 특히 미각, 시각, 후각이 자극을 받는다. 그리고 무엇보다 맛있는 음식은 사람을 행복하게 하는 힘이 있다. 나에게 주는 위로, 격려, 응원의 선물이 된다.

　퇴근 후 저녁 시간, 오늘은 특별히 좋아하는 음식을 먹거나 가보고 싶었던 맛집에 가서 저녁을 먹어보자.

일상의 변화를 통해 감각을 자극하면,
뇌가 새롭게 깨어난다.

　자극을 받으면 뇌가 반응한다. 온종일 답답해하던 문제에 대해 '나라면 어떻게 할 수 있을까?' 하고 생각하다 보면 뇌가 움직이기 시작한다. 그래서 나는 분위기 좋은 호텔이 새로 생겼다거나 재미있는 일이 있다는 얘기를 들으면 그곳에 꼭 가본다.

　다만, '뇌를 자극하기 위해서'라는 목표를 내세우진 않는다. 그렇게 힘이 들어가면 맛도 재미도 느끼지 못하고, 따라서 뇌가 자극을 받지도 못하기 때문이다.

　당신도 때로는 일상을 벗어나 멋진 곳에 가서

멋진 식사를 해보길 권한다. 자신에게 주는 근사한 선물일 뿐 아니라 새로운 것을 배울 기회도 되기 때문이다.

브루잉 효과,
생각을 멈추면 감각이 살아난다

하루를 보내는 동안 우리는 뜻하지 않게 기분 나쁜 말을 듣게 되거나, 신경 쓰이는 일이 생기는 등 안 좋은 상황에 놓일 때가 많다. 그러고 나면 집에 돌아와 자기 직전까지 그 상황들을 계속해서 곱씹으며 다시 화가 치밀기도 하고, 그때 제대로 대처하지 못한 자신을 자책하기도 한다. 예일대 수전 놀렌 혹스마(Susan Nolen-Hoeksema) 교수에 따르면 우울하거나 일이 잘 풀리지 않을 때 계속해서 그 일을 떠올리는 게 오히려 상황을 해롭게 한다고 한다.

그는 한 실험에서 우울증이 있는 대학생을 두

그룹으로 나누어 한 그룹은 8분 동안 스스로에 대해 생각하게 하고, 한 그룹은 하늘을 보며 구름을 연상하게 했다. 그 결과 자신에 대해 생각을 집중했던 학생들은 우울한 기분을 더 많이 느끼게 된 반면, 다른 그룹의 학생들은 기분이 훨씬 나아졌다고 보고했다.

이와 마찬가지로 '브루잉 효과'라는 것이 있다. 해결해야 할 문제가 있을 때 그 문제에 계속해서 파고드는 것보다 오히려 생각을 멈출 때 결정적인 아이디어가 떠오르는 심리적 현상을 말한다.

혹시 오늘 하루 기분을 상하게 하는 일이 있었다면 잠시 생각의 회로를 끊어보자. 생각을 멈추고 밤하늘을 올려다보거나, 편안한 소파에 앉아 10분간 음악을 듣는 것도 좋은 방법이다. 이렇게 잠시 생각을 멈추는 것만으로 부정적인 감정에서 벗어나 평정심을 되찾을 수 있으며, 새로운 내일을 맞이할 수 있다.

제3장

일 잘하는
사람의 저녁은
무엇이
다를까?

시뮬레이션으로
상황을 예측하고 통제하라

'이렇게 될 줄은 몰랐어.'

'이렇게 했다면 좋았을 텐데…'

보통 우리는 실수나 문제가 생겼을 때 이런 식으로 후회하고 자책한다. 하지만 일단 일어난 일은 후회해도 되돌릴 수 없다. 실수나 문제는 대부분 갑작스러운 상황에서 일어난다. 그러므로 예상하지 못했던 상황이 최소화되도록 대비하는 것이 중요하다.

하루를 알차게 보내는 사람은 전날 저녁, 다음 날 일정을 미리 확인하고 머릿속으로 시뮬레이션을 해본다. 각각의 일이 아니라 하루의 흐름을 예습하는 것이다.

'어떤 옷을 입고, 몇 시에 집을 나서고, 외근이 있는 날이면 몇 시에 사무실을 나가 어떤 교통수단으로 이동하며, 어디에서 어떤 미팅을 갖고, 퇴근 후에는 어디에서 친구를 만난다'라는 식으로 자세하게 예습한다. 지하철이나 버스의 시간표까지 확인해둔다.

잠재의식 속 성공 체험을 통해
예상 밖의 상황을 제거한다.

이렇게 하면 실제 상황에서 일이 잘 풀리는 경우가 많다. 이를 '이미지 트레이닝'이라고 하는데, 심리학에서도 매우 중요하게 여기는 훈련법이다. 사람은 성공을 이미지화하기만 해도 실제로 성공했다고 인식하며, 뇌가 성공 체험으로 인식해 실제 성공으로 유도한다. 운동선수가 이미지 트레이닝을 열심히 하는 것도 같은 이유에서다.

어떤 점에서는 '미리 축하하기'와 비슷하다. 이는 어떤 일을 앞두고 있을 때 그 일을 이뤘다고 생각하고 축하하는 것을 말한다. 이를테면 대학 입시를 앞둔 조카에게 "그토록 원하던 학교, 학과에 합격했다니 정말 축하한다"라고 말하는 것이다. 이 말은 상상을 초월하는 응원 효과를 낸다.

성공의 이미지를 미리 상상하는 것은 내가 계획한 대로 원하는 하루를 보낼 수 있는 매우 중요한 전략이다. 중요한 발표나 미팅이 있다면 미리 자료를 확인하고, 상세하게 시뮬레이션하며, 질의응답을 준비하는 동시에 일이 잘 마무리됐을 때의 장면까지 떠올린다.

완벽하게 머릿속에 담았다고 하더라도 서류의 작은 글씨까지 꼼꼼히 살펴본다. 그렇게 하면 '이런 질문이 나올지도 몰라', '이런 반응을 보일지도 몰라'처럼 더 구체적으로 상황을 예측할 수 있다.

나도 중요한 일이 예정돼 있을 때는 무조건 전

날 밤 시뮬레이션을 한다. 이전에는 다른 약속 때문에 시뮬레이션을 하지 못할 때도 있었는데 시뮬레이션을 한 날과 하지 않은 날의 차이가 굉장히 크다는 걸 알게 됐다. 그 뒤로는 빼먹지 않고 시뮬레이션을 하려고 한다.

예를 들어 컨설팅 업무가 있는 경우 전날 저녁 시뮬레이션을 해두면 실제 상황에서 급작스러운 질문이 나와도 곧바로 답변할 수 있지만, 하지 못한 날은 상대방의 이야기를 제대로 이해하는 데에도 시간이 걸려 답변이 늦어지기도 한다. 정확하고 빠르게 답변하는 사람과 늦은 대응으로 불안감을 주는 사람 중 누구를 더 신뢰하겠는가. 미리 다음날을 생각하면 마음의 여유가 생기고 상대방에게 신뢰를 줄 수 있다.

유튜브로
아이디어의 씨앗을 얻는다

나는 아무리 바쁠 때도 정보 수집만큼은 게을리하지 않았다. 그랬기에 다양한 사업을 펼칠 수 있었고, 지금의 결과들을 만들 수 있게 됐다.

지금도 정보를 꾸준히 모으고 있지만, 최근에는 수집하는 방식을 약간 바꾸었다. 예전에는 양질의 정보만을 모아야 한다는 생각에 TV, 신문, 책 등 이른바 전문가의 발언 내용과 실제로 각 분야에서 활약하고 있는 지인들로부터 정보를 얻었다. 그런데 최근에는 SNS나 유튜브 등에서 정보를 모으고 있다. 개인이 최소한의 규칙을 지키며 자유롭게 작성하기 때문에 참신하면서도 도전적인 내용이 많고, 다른 곳에서 접할 수 없는 정보를 얻거나 자극을 받기도 한다.

내가 유튜브에 빠져들게 된 계기는 무언가를 조사하다가 정보를 얻게 되면서. 하루는 20년 전쯤 구매한 롤렉스 시계를 착용하고 있었는데, 롤렉스 시계를 잘 아는 고객이 "그 시계의 가치가 지금은 얼마나 되는지 한번 알아보세요"라는 이야기를 했다. 업무차 시내에 나갔을 때 감정을 받아보니 구입 당시보다 세 배 정도 높은 감정가가 나왔다.

'어떻게 이만큼이나 올랐을까?' 궁금해진 나는 인터넷에서 정보를 찾아봤다. 그러던 중 유튜브에서 관련 영상을 발견했고, 내가 갖고 있는 롤렉스 시계에 불가사의한 현상이 일어난다는 사실을 알게 됐다. 그래서 신제품보다 중고가 세 배나 비쌌던 것이다.

놀라운 경험이었다. 이런 정보는 TV나 신문에는 나오지 않는다. 유튜브에서는 아무것도 모르는 나도 금방 이해할 수 있도록 쉽게 설명해주었다. 이 유튜브 채널을 알게 된 후 롤렉스 시계의 가치 변동에 관심이 생긴 나는 운영하고 있던 온라인 살롱에서 '롤렉스로 배우는 브랜딩 경영 전략'을 테마로 강연을 개최할 정도의 지식이 생겼다. 이후 혼자 있는 저녁 시간에는 유튜브를 보면서 또 다른 기회를 찾는 습관이 생겼고, 현재는 유튜브로 온라인 살롱을 기획하는 일도 하고 있다.

실제로 유튜브에는 다양한 분야의 채널이 있다. 한 가지 분야를 깊이 있게 연구해 공유하는 곳도 있다. 유튜브는 앞으로도 다양한 사람들이 모이는 장소가 될 것이다. 어디까지나 개인방송이기 때문에 모든 사람의 공감을 얻지 못하거나 정확성이 떨어지기도 한다. 하지만 그런 이유로 유튜브를 믿을 수 없는 매체라고 치부하진 말자. 세상에 어떤 일들이 벌어지고 있는지를 보여주는 유효한 도구이며, 평범한 일상생활 속에서는 접할 수 없는 '미지의 세계'를 만나게 해준다.

'개인'이 요구되는 시대에는
아이디어를 꺼낼 수 있는 서랍이
많을수록 좋다.

중요한 것은 어떻게 활용할 것이냐다. 유튜브 내용을 그대로 이용하는 것이 아니라 아이디어의 씨앗으로 생각하고 비즈니스 아이디어로 발전시키자. 다양한 경로로 정보를 교차 검증하면서 위험을 줄이는 작업도 해야 한다.

아이디어가 필요할 때 사전에 틀을 정하지 말고 유튜브 영상을 검색하자. 최근의 흐름을 발견할 수 있을 뿐 아니라 다른 곳에서는 얻기 힘든 정보를 많이 얻을 수 있다.

최선의 옷차림으로
가능성을 확장하라

나는 직업 특성상 수많은 사업가와 프리랜서를 만난다. 그중에는 꾸준히 성과를 내면서 순조롭게 성장을 이어나가는 사람이 있는가 하면, 뭘 해도 일이 잘 풀리지 않는 사람이 있다. 어디에 치이가 있는지를 세심히 관찰하다가 한 가지 사실을 발견했다. 바로 자신의 외모를 단정하게 잘 가꾸는 사람에게 끊임없이 기회가 찾아온다는 점이다.

외모를 단정하게 가꾸면 상대방도 호감을 갖는다. 한편 단정하게 가꾸지 않으면 게으른 사람이라는 인상을 주게 되고 '이 사람 괜찮을까?' 하는 생

각마저 들게 한다. 만나자마자 기회를 잃어버릴 수
도 있다.

비즈니스에서는 인맥이 기회다. 나도 여러 사람
을 소개받고 소개하면서 새로운 사업으로 확장했
다. 그런데 외모를 단정하게 가꾸지 않는 사람은
절대 소개하지 않는다. 아무리 일을 잘해도 게을러
보이는 사람을 소개해주면 소개받는 사람이 '나를
무시하는 건가?' 하고 불쾌함을 느끼게 되고, 소개
한 나까지도 신뢰를 잃을 수 있기 때문이다.

외모를 단정하게 가꾸는 것은 '차림새를 단정히
한다'라는 의미로, 상대방에게 불쾌감을 주지 않도
록 몸가짐을 정돈하는 것이다.

외모를 단정하게 가꾸는 것은
상대방에 대한 마음의 표현이자,
자신의 가능성을 확장하기 위한 준비다.

자신의 존재를 부각하는 옷을 선택하는 것도 중

요하겠지만, 받아들이는 것은 상대방의 자유다. 자기 생각과 반드시 일치한다는 법은 없다.

예전에 이런 일이 있었다. 친구에게 파티에 초대를 받아 청바지에 새로 산 셔츠를 입고 갔는데, 파티장에 모인 대부분 사람이 정장에 넥타이를 매고 있었다. 그곳에서 당시 내가 종사하던 업종의 거물급 인사를 소개받았는데, 그가 내 모습을 보고 실망하는 것 같았다. 결국 대화가 길게 이어지지 않았고, 나는 큰 기회를 날리고 말았다. 어떤 '장소'인지 확인한 후에 옷을 선택하지 않은 것을 정말 후회했다.

화려하게 치장하라는 말이 아니다. 외모를 단정하게 가꾸는 데 가장 신경 써야 할 부분은 '청결감'이다. 이 단어에서도 중요한 것은 '감(感)'이다. 처음 만난 상대가 구겨질 대로 구겨지고 옷단이 풀려 실이 삐죽 튀어나와 있는 셔츠를 입고 있는 데다 머리카락까지 헝클어져 있다면 어떤 생각이 들겠는가? 적어도 청결하다고는 생각하지 못할 것이다. 또 셔츠를 깨끗이 빨고 헤어스타일을 근사하게 다듬었다고 해도 상대방에게 전달되지 않으면 아무런 의미가 없다. '청결함'보다 '청결하게 느껴지는 것'이 더 중요하다.

머리, 수염, 눈썹, 코와 귓속 털 관리를 소홀히 하거나 거친 피부, 손톱 때, 옷의 얼룩이나 흐트러짐 등을 사소하게 생각해선 안 된다. 그런 부분에서 상대방은 좋지 않은 인상을 받게 되고 불결하다는 느낌을 갖게 된다. 애초에 그런 인상이 심어지면 되돌리기는 아주 어렵다. 그러니 매일 밤 확인하여 소소한 곳까지 단정하게 가꾸자.

상대에게 맞는 옷차림도 중요하다. 약속 상대를 떠올리면서 가능하면 미리 한번 입어본다. 만약 약속이 두 개 이상이라면 중요한 약속에 초점을 맞춘다. 준비한 옷을 입고 내일 일정을 소화하는 자신의 모습을 떠올린다.

어디서, 누구를, 왜 만나는지 그 장면을 떠올리기만 하면 된다. '그 사람은 언제나 화려한 옷을 입으니, 이 옷은 너무 수수해 보이겠는걸', '내일 약속 장소는 거래처 ○○ 씨가 자주 이용하는 곳이야. 우연히 마주칠지도 모르니 너무 편안한 차림은 하지 않는 게 좋겠어' 같은 생각을 할 수 있다.

아침에 집을 나서기 직전에 옷을 고르면 마음에 드는 옷이 없거나 단추가 떨어져 있어 급히 다른 옷으로 바꾸는 일이 생기기 쉬운데, 그런 상황에서는 최고의 모습을 보여줄 수 없다. 차분한 밤에 골라놓아야 제대로 관리할 수 있다.

다음 날 별다른 약속이 없을 때도 있다. 그럴 때는 캐주얼한 모습이어도 괜찮을 거라고 생각할 수 있지만, 예정이 없다는 것은 유연하게 움직일 수 있다는 뜻이기도 하다. 나는 이럴 때야말로 갑작스러운 초대에도 대응할 수 있게 어떤 자리에나 어울릴 만한 정장 또는 재킷을 입고 나간다.

지인에게 있었던 일이다. 평소 존경하던 경영자가 참가하는 식사 모임이 있었는데, 모임을 챙기던 담당자가 공석이 생겼다며 지인에게 오지 않겠

냐고 연락했다. 그녀는 "네!"라고 대답하려다 말고 당황해서 말을 삼켰다. 그날 그녀는 특별한 일정이 없었던 탓에 편안한 원피스 차림이었는데, 식사 모임 장소는 드레스 코드가 있는 고급 레스토랑이었던 것이다. 몹시 아쉬웠지만 거절할 수밖에 없었고, 지금까지도 그 사람을 만날 기회를 만들지 못했다고 한다. 그녀는 그날 제대로 차려입지 않았던 자신에게 화가 난다는 이야기를 몇 번이나 했다.

기회는 언제, 어디서 나타날지 모른다. 확실하게 붙잡기 위해서라도 언제나 최선의 옷을 선택해야 한다.

내일의 나를 생각하며
신발을 닦는다

잘나가는 사람일수록 신발에 신경 쓴다. 바꿔 말하면, 신발에 신경을 쓰는 사람이 곧 잘나가는 사람이다. 호텔 도어맨이나 비행기 승무원은 신발의 상태를 보고 고객이 어떤 사람인지 판단한다고 한다. 실제로 승무원인 한 지인에게 일등석에 탑승하는 대부분의 승객은 신발이 깨끗하다는 얘기를 들은 적이 있다.

왜 잘나가는 사람은 신발을 깨끗하게 관리할까? 바로, 외모를 단정히 가꾸고 상대방에 대한 존경을 나타내기 위해서다. 그리고 또 한 가지, 자신의 가치를 높이기 위해서다.

무언가를 성공시키기 위해서는 자신을 믿는 힘이 필요하다. 성과를 내는 사람은 자신을 높이 평가한다. '나는 할 수 있다'라고 믿고 열심히 하면 좋은 결과를 낼 수 있다는 사실을 안다. 깨끗하게 닦은 신발을 신으면 '나는 깨끗한 신발을 신을 만한 가치가 있어'라고 인식하고 자신을 높이 평가하게 된다.

사원이 800명인 회사를 운영하는 한 대표는 젊은 시절부터 신발을 깨끗하게 관리하는 일을 게을리하지 않았다고 한다. 자신은 깨끗한 신발을 신을 만한 사람이라는 점을 신발을 신을 때마다 인식하기 위해서였다. 그와 함께 늘 '깨끗한 신발을 신는 데 어울리는 사람이 돼야 해'라고 생각하며 행동했기에 성공할 수 있었다.

사람들은 보통 아침에 신발을 닦지만, 외출하기 직전에 얼렁뚱땅 끝내서는 효과를 볼 수 없다. 신발을 관리하는 타이밍은 저녁 식사를 마친 후가 좋다. 조용한 밤에 차분히 신발을 닦으면 느긋한 마음으로 내일의 성공을 연상할 수 있고, 자신의 가치를 높이 평가하게 돼 자신감도 생긴다. 여유로운 저녁 시간에 내일 예정되어 있는 일이 잘되는 모습을 떠올려본다. 계약 상담이 예정되어 있다면 계약 성공을, 회의가 있다면 멋진 발언을 하는 자신의 모습을, 누군가와 만날 약속이 있다면 즐거운 시간을 보내는 모습을 떠올리며 신발을 닦아보기 바란다.

머릿속으로 '내일은 잘될 거야'라고 주문을 외면서 정성껏 신발을 닦는다.

　연상의 힘은 엄청나다. 무슨 일이든 착착 해내는 자신의 모습을 떠올리면, 뇌가 그 모습을 현실이라고 생각해 성공 체험으로 기억한다. 수많은 성공을 떠올리면 수많은 성공 체험을 만들 수 있고 그것이 자신감으로 쌓인다.

배움이 업무의 연장이
되어서는 안 된다

자신의 미래 능력을 높이기 위해 전혀 다른 분야
에 도전하며 머리를 사용하는 방법도 효과적이다.
정기적으로 일 이외의 것에 몰두하다 보면 똑같은
뇌를 사용하는 상태에서 벗어날 수 있어 뇌의 스
트레칭과 기분 전환에 매우 효과적이다.

　배움은 무엇이든 좋지만 업무의 연장이 되지 않
는 것, 자유롭게 다닐 수 있는 곳보다 정해진 시간
에 배울 수 있는 곳을 추천한다. 무도, 영어 공부,
요리, 서도 등 해봤더니 재미있던 것, 노력의 결과
를 쉽게 알 수 있는 것이 좋다.

나도 여러 개를 배우고 있다. 골프, 웨이크서핑, 영어 회화 등이다. 예전에 마르세유 타로카드의 달인이었던 친구에게 타로점을 배운 적이 있다. 지금은 머릿속을 정리하는 겸 해서 가끔 즐긴다. 골프나 웨이크서핑은 일반적인 배움과는 조금 다르지만, 골프와 웨이크서핑을 할 때는 모든 일을 잊고 빠져든다.

일이 잘 풀리지 않을 때는 잠시 업무를 잊어버리고 다른 뇌를 사용하면 기분이 전환되어 새로운 마음으로 다시 시작할 수 있다. 또한 업무 외의 일에 목표를 가지고 노력하다 보면, 일이 잘 풀리지 않거나 실패했을 때 자신을 탓하지 않게 된다. 반면 일에만 집중하면 일터가 자신의 유일한 장소가 되기 때문에 실패를 자기 탓으로 돌리게 되고 그다음으로 나아가지 못한다.

일은 당신만을 위한 것이 아니며,
언제 어떻게 될지도 알 수 없다.

그러니 지금 하는 일과 전혀 다른, 새로운 것을 배워보자. 이제껏 발견하지 못했던 새로운 능력을 발견하게 될 수도 있으니 말이다.

N잡이 실현될
공간을 찾아본다

길고 긴 인생에서 어떤 일이 벌어질지는 누구도 모른다. 세상이 변할 뿐 아니라 당신 자신과 환경도 변하기 때문이다. 좋든 나쁘든, 생각지도 못했던 일이 일어나는 게 인생이다.

요즘에는 직장인들의 부업을 허락하는 회사가 증가하는 추세다. 직원들의 부업을 적극적으로 장려하는 회사도 있다. 이것도 10년 전에는 생각지도 못했던 일이다. "회사 일만으로도 힘든데 부업이라고?"라며 자신과는 관계없는 일이라고 선을 긋는 사람도 있는데, 앞으로는 이런 흐름이 더욱

확대될 것이다. 왜냐하면 미래는 '개인'의 시대이기 때문이다. 회사가 직원의 인생을 책임져주지 않게 된 지금은 자신을 스스로 책임져야 한다. 회사에서 열심히 일만 해왔던 사람이라면 당황스럽겠지만, 생각을 바꿔야 한다.

세상의 변화는
당신의 새로운 가능성을 열어줄 기회다.

현재의 당신은 10년 전과 같은가? 아마도 다를 것이다.

그렇다면 10년 후의 당신은 어떨까? 현재의 당신과 똑같을 것으로 생각하는가? 세상이 변화해가듯이 당신 자신도 조금씩 달라질 것이다. 다만 지금부터는 자기 생각을 가지고 변해야 한다. 아마도 부업이 그 첫걸음이 될 수도 있다.

인생을 진지하게 꾸려가는 사람은 회사 업무 외에도 자신이 활약할 수 있는 장소를 만든다. 부업이든 꿈을 이루기 위한 활동이든, 투자도 그중 하나다. 회사 월급에 의지하지 않아도 되게끔 복수의 직업을 가진다.

무엇을 부업으로 삼는 게 좋을지, 우선 그것을 찾는 것이 출발점이다. 이때 큰 힘을 발휘하는 것이 인터넷 검색이다. 어떤 일을 부업으로 할 수 있는지, 실제로 부업을 하고 있는 사람의 한 달 수입이 어느 정도인지, 연수입은 얼마나 되는지 등의 경험담을 찾아볼 수 있다.

나의 현재 본업 중 하나인 컨설턴트 일도 처음에는 부업으로 시작했다. 지방에서 헤어살롱 외에 여러 개의 가게를 운영하던 시절, 밤에 인터넷 검색을 하다가 컨설턴트와 저자를 지원하는 회사의 대표 사이트를 보게 됐다. 그 사이트에서 '컨설턴트가 되는 방법'을 접하게 됐고, 나의 경험을 활용할 수 있겠다는 생각이 들어 관심을 갖게 됐다. 그때부터 그 대표가 쓴 책을 보면서 컨설턴트와 강사 일을 배웠다. 그러던 중 책을 출판하는 행운을 만나 컨설턴트로서 첫걸음을 내디딜 수 있었다.

그 일이 다양한 비즈니스로 이어졌다. 인터넷 검색을 하다 보면 세상에는 다양한 일이 일어나고 있고, 다양한 욕구가 있다는 것을 알 수 있다. 당신의 경험과 능력을 필요로 하는 곳도 많을 것이다. '이 일이 다른 사람에게 도움이 될까'를 계속해서 파고들면 자신의 가능성을 새로이 발견할 수 있다.

우선 '부업'을 검색해보길 바란다. 당신의 미래를 바꿀 기회가 기다리고 있다.

노력한 나를
극진히 대접하라

매일 노력하는 자신을 위해 때때로 포상을 해주자. '나에게 주는 선물'이라며 비싼 디저트를 먹거나 마사지를 받는 등 기분이 좋아지는 소비를 하는 사람들 있지 않은가. 이를 괜한 일로 생각하는 사람도 있겠지만, 자신에게 선물을 주는 것은 매우 놀라운 효과를 가져온다.

예전에 업무차 정기적으로 마사지숍에 다닌 적이 있다. 전신 오일 마사지와 피부 마사지를 받을 때마다 기분이 무척 좋아지는 느낌이 들었다. 몸이 개운해지는 느낌은 물론이고 전문가의 손길은 뭐

라고 표현할 수 없는 사치를 누린다는 느낌을 주었다. 특별대우를 받는다는 생각도 들었고 몸도 마음도 매우 만족스러웠다.

피부관리숍에 다니면서 예뻐지는 이유는 피부 마사지와 더불어 자기긍정감이 높아지기 때문이다. 이후 컨설팅이나 강연 참석차 호텔에 머물 때면 나에게 주는 선물로 관리 겸 바디케어를 받는다. 피로가 풀리고 몸이 편안해지면 새로운 활력이 되어 다음 날도 기분 좋게 일할 수 있다.

그 외에도 시간적인 여유가 생기면 온천에 가거나 숲이 우거져 음이온이 풍부히 배출되는 장소에 가는 방법도 좋다. 몸도 마음도 해방되는 기분을 느낄 수 있다.

자신의 몸과 마음을 대접할 때 비로소
나답게 빛날 수 있다.

외모를 가꾸어도 몸이 지쳐 있으면 빛을 낼 수

없다. 기력을 회복해도 겉모습이 지쳐 보이면 상대방은 단번에 알아차린다. 몸과 마음을 충전해 당신이 가진 매력을 충분히 발산하면 비즈니스에서도 좋은 결과를 만들어낼 수 있다.

인간의 뇌는 보상이 뒤따라야 노력하려 한다. 이러한 보상을 해줄 때 뇌는 스스로를 보상받을 만한 가치가 있는 사람이라고 생각하며 자기긍정감이 높아진다. 정기적으로 보상을 해주자.

집에서 하는 보상도 좋지만 특별함이 중요한 만큼 조금 더 신경 쓴 선물이 좋다. 그러면 당신의 몸이 잠재력을 발휘해 멋진 활약을 보여줄 것이다.

기분 좋은 변화를 만드는 원동력,
보상회로

'매일 30분씩 달리기를 해야지!', '하루에 10분씩 책을 읽어야지!' 등 우리는 아주 사소한 생활 속 목표부터 때로는 큰 결심이 필요한 목표까지, 목표를 세우고 구체적인 행동 계획을 세운다. 그러나 행동을 지속시키는 것이 어려워 얼마 못 가 계획은 늘 흐지부지되고, 이루려던 목표는 잠정연기 상태가 된다. 그럴 때마다 우리는 '나는 왜 이렇게 의지가 약할까?' 하며 스스로를 자책한다.

심리학자 웬디 우드(Wendy Wood)는 행동이 습관이 되기까지는 누구나 시간이 필요하므로, 그 전까지는 스스로에게 행동에 대한 적절한 보상을 해주는 것이 필요하다고 말한다. 즉, 의지의 문제가 아니라 행동을 강화시키는 방법을 몰랐던 것뿐이다. 행동에 대한 보상은 도파민을 분비시켜 뇌의 보상 회로를 자극해 그 행동을 즐겁다고 느끼게 한다. 즐거움을 느끼게 되면 그 행동을 지속할 수 있고, 마침내 습관으로 자리 잡게 되는 것이다.

가령 '매일 30분씩 달리기를 해야겠다'라는 목표를 세웠다면, 30분 달리기를 성공한 날에는 자신이 좋아하는 맛있는 음식을 마음껏 먹는다거나, 3일 연속 달리기를 했다면 나를 위한 작은 선물을 사주는 등의 보상을 하는 것이다.

이제 나를 즐겁게 만들어줄 적절한 보상을 통해 좋은 습관을 만들고, 이루고자 하는 목표를 달성해보자.

제4장

잠들기 전
5분,
지친 나를
돌보는 시간

성공을 상상하면
그렇게 된다

인간의 뇌는 쉽게 속일 수 있다. '앞으로는 다 잘될 거야'라고 생각하고 성공을 상상하면, 상상으로 한 성공 체험이라 하더라도 뇌는 실제로 성공했다고 인식한다. 또 '내일은 좋은 하루가 될 거야'라고 믿으면 실제로 좋은 하루가 될 가능성이 커진다.

많은 운동선수가 이미지 트레이닝을 한다. 실제 경기에서 좋은 성적을 낸다고 상상하며 훈련하는 방식으로, 뇌를 속여 실제 경기에서 좋은 결과를 낼 가능성을 높이는 것이다. 이는 과학적으로도 효과가 증명됐다.

미국 컬럼비아대학교 의학 박사 맥스웰 몰츠 (Maxwell Maltz) 박사의 저서 《맥스웰 몰츠 성공의 법칙》에 따르면, 뇌는 실제 경험과 머릿속에서 선명하게 그린 상상의 경험을 쉽게 구별하지 못한다. 상상 경험도 실제 경험과 같은 영역에서 정보를 처리하기 때문이다.

'내일은 좋은 하루가 될 거야.'
그렇게 생각하면 뇌는 좋은 하루가 될 내일을 위해 준비하기 시작한다.

또한 입 밖으로 소리를 내어 말하면 불안감도 사라진다. 불안이 사라지면 마음이 편해지고 건강해진다. 효과가 뛰어난 주문이다. 당신의 내일은 이 한마디 말로 크게 달라진다.

피곤에 지쳐 집에 돌아왔을 때 가만히 눈을 감고 '내일은 좋은 하루가 될 거야'라고 되뇌어보자. 그 말을 되뇌는 것과 동시에 좋은 하루를 보내는 나의 모습도 머릿속에 그려보자.

　나를 감싸던 걱정과 불안감이 사라지고 마음이 평온해져 고요하고 평안한 마음으로 잠자리에 들 수 있을 것이다.

좋은 만남을 부르는
3단계 프로세스

나는 매일 밤 다음 날 만날 사람에게 미리 감사 인사를 한다. 우선 상대의 얼굴을 떠올리고 활짝 웃으며 "만나 뵙게 되어 영광입니다"라고 말한다. 이미 일을 함께하고 있는 사람이라면, 함께 일하고 있음에 감사한다. 그 사람을 소개해준 사람이 있다면, 그 사람의 얼굴도 떠올리며 감사해한다.

이처럼 전날 밤에 미리 감사하기를 실천한 이후부터 일이 놀랍게 잘 풀렸다. 또한 감사하는 마음을 갖고 있으면 실제로 만났을 때 자연스러운 분위기가 연출되므로 나뿐만 아니라 상대방도 함께 일을 할 수 있게 된 것에 감사하게 된다.

먼저 감사의 마음을 가지면
좋은 만남이 생긴다.

　모든 커뮤니케이션은 거울을 보는 행위와 같다. 자신과의 만남을 기뻐하는 사람, 고맙게 생각하는 사람에게 나쁜 감정이나 악의를 느끼는 사람은 없다. 당신이 공손하게 다가가면 상대방도 당신에게 공손하게 다가온다.

　또한 만남을 소중히 생각하면 그 사람과 만날 수 있다는 사실에 대한 감사함이 내일의 만남을 기대하게 하고, 그 사람을 만날 수 있게 성장한 자신에게 행복을 느끼게 된다. 내일의 미팅에 대해 마음속에 품고 있던 불안과 부정적인 감정도 억제할 수 있다.

　짧은 시간이지만 내일 만날 사람에 대해 감사한 마음을 느끼면 자신은 물론이고 상대방에게도 효과가 즉시 나타난다. 다른 사람에게 감사하는 건 하루 중 어느 때 해도 훌륭한 행동이지만, 특히 저녁 시간에 하면 더 좋다. 홀로 깊이 생각하기에 더 진실해질 수 있기 때문이다.

침실 조명만 바꿔도
멜라토닌이 분비된다

사람은 눈으로 접하는 정보에 큰 영향을 받는다. 마음 상태도 마찬가지다. 실제로 생활하는 방의 환경에 따라 성격이 달라진다는 연구 결과도 있다.

색이 심리에 미치는 효과를 '색채 효과'라고 한다. 마음과 뇌가 충분히 쉬지 못한다는 느낌이 든다면, 방 안이 차분한 색으로 칠해져 있지 않을 가능성이 있다. 휴식 모드가 되는 환경을 만들어야 한다.

내 방에는 오렌지색 조명이 있다. 예전에는 일반 형광등을 사용했지만 잡지에서 방 안 조명 색에 따라 치유의 효과가 크게 달라진다는 기사를 보고, 따뜻한 색의 오렌지로 교체했다. 그러자 곧바로 편안하게 휴식할 수 있는 공간으로 재탄생했다. 이때부터 수면이 질이 바뀌었고, 깊은 잠을 자게 됐다.

알아보니 따뜻한 색은 장작불을 연상시켜 인류 고대의 기억을 떠올리게 하며, 멜라토닌 분비를 촉진한다고 한다. 멜라토닌은 수면을 유도하는 중요한 호르몬으로 깊은 잠을 유도하는 동시에 안티에이징, 암 예방 등 우리 몸에 좋은 다양한 효능을 발휘한다. 조명 하나로 방 안의 분위기가 완전히 달라진다. 활발하게 활동할 때는 형광등으로, 잠들기 한 시간 전부터는 따뜻한 색으로 조명을 교체하기만 해도 효과를 볼 수 있다.

방은 열심히 일한 자신을 쉬게 하는 공간이자 편안한 수면을 취할 수 있는 중요한 장소다. 방의 환경은 당신 마음의 환경이기도 하다.

그 외에도 나는 방에서 가습기를 사용하고, 나에게 맞는 가구를 더해 수면의 질을 높인다. 특히 가습기는 출장을 갔을 때도 호텔 프런트에 부탁해 객실에서도 사용한다.

바쁘다는 핑계로 또는 '잠만 자는 곳이니까'라며 방 안의 환경을 돌볼 생각은 하지 않기가 쉽다. 그러나 환경을 가꾸지 않은 탓에 충분하게 쉬지 못하고 그로 인해 본래의 능력을 발휘하지 못해 바빠졌을 가능성도 있다. 방 안의 환경을 바꾸기만 해도 능력이 향상된다.

최고의 컨디션을 위한
최적의 수면 상태 만들기

퇴근 후 집에 돌아온 뒤에도 바빠서 몸과 마음을 느긋하게 진정시킬 시간적 여유가 없는 밤도 있다. 많은 사람은 낮부터 잠드는 시간까지 노트북과 스마트폰의 자극을 받는 탓에 언제나 뇌가 활성화되어 있다. 교감신경이 활발하게 활동하면 부교감신경으로 바뀌지 않아 쉽게 잠들지 못한다.

이럴 때는 천천히 심호흡을 하고 잠자리에 들어가면 좋다. 급한 일 때문에 잠들기 직전까지 노트북 화면을 봐야 하는 날에는 일부러 더 크게 심호흡을 하고 몸을 수면 상태로 유도한다. 심호흡을 하면 그때까지 활발하게 활동하던 교감신경 대신 부교감신경이 활발해지기 때문에 전신에 힘이 빠지고 휴식 상태로 전환된다. 게다가 행복 호르몬인 세로토닌이 분비되어 짜증이 줄어들고 마음이 편안해진다. 이 상태는 우리 몸이 잠들 준비에 들어갔다는 것을 의미한다.

최고의 상태에서 잘 수 있는 환경을 만들면 다음 날 최고의 능력을 발휘하게 된다.

입을 살짝 벌리고 천천히 숨을 뱉으면서 배를 들어가게 한다. 이어서 코로 천천히 숨을 들이마시며 복부를 팽창시킨다. 이 과정을 3~5회 반복하며 몸이 조금씩 느슨해지는 것을 느낀다.

심호흡은 양질의 수면을 유도할 뿐만 아니라 생활 습관병인 동맥경화, 심근경색을 예방한다는 보고도 있다. 더욱이 한 번에 많은 공기를 마시면 세포가 활성화되어 면역력이 높아지고, 일하면서 긴

장할 때나 사람들 앞에서 발표할 때 마음을 진정
시키는 효과도 있다. 밤뿐만 아니라 하루 중 어느
때든 틈틈이 활용하면 좋다.

뇌를 완벽히 쉬게 하는
명상의 힘

질 좋은 수면을 취했느냐 아니냐에 따라 다음 날 업무 능률이 크게 달라진다. 충분한 시간을 잤다고 해서 반드시 질이 좋은 것은 아니다. 눈을 떴을 때 마음과 머리가 개운하고 온몸에 피로가 사라졌다면 기분 좋게 깊은 잠을 잔 것이다.

기분 좋게 깊은 잠을 자기 위해서는 준비가 필요하다. 포인트는 마음을 편안하게 갖는 것이다. 잠자리에 들기 한 시간 전부터 여유로운 시간을 보낸다. 책을 읽거나 좋아하는 사진을 보고, 가볍게 스트레칭을 하는 등 일부러 느긋한 시간을 만든다.

나는 향 사용을 추천한다. 옛날부터 사람의 마음은 향기의 영향을 크게 받았다. 향은 기분을 좋게 한다. 특히 마음을 편안하게 하고 치유하는 효과가 있으며, 술이나 소금과 마찬가지로 정화하는 효과가 있어 부정적인 에너지로부터 방 안을 지켜준다.

다음으로 추천하는 것은 자기 직전 3분 명상이다. 자연스럽게 잠들기 위해서는 활성화된 뇌를 진정시킬 필요가 있다. 명상에는 마음과 뇌를 편안하게 하는 효과가 있다.

잠자리에 누워 눈을 감고 숨을 크게 내뱉는다. 녹음이 우거진 숲속을 떠다니는 요정이 되어보거나, 따스한 햇볕이 쏟아지는 모래사장에 누워 있는 모습 또는 아름다운 밤하늘에 별처럼 떠 있는 자신의 모습을 상상한다. 이때 오늘 있었던 일, 회사 일, 현실적인 일 등 어떤 것도 생각하지 않는다. 명상은 뇌의 활동을 억제하고 편안한 세타파를 유도하기 때문에 뇌를 활성화하는 생각을 하면 효과가 사라진다. 만약 쓸데없는 생각이 머릿속에 떠오르면 심호흡을 크게 한 다음 이전 이미지로 돌아간다.

명상을 하면 자연스럽게 잠이 들고, 수면의 질이 향상되어 다음 날 업무 능률이 크게 높아진다.

몸과 마음과 뇌를 충분히 쉬게 하는 시간은 밤밖에 없다.

당장 오늘 밤부터 실천해보길 바란다.

잘 때는 몸의 감각을
완전히 OFF하라

당신은 잘 때 방 안의 불빛을 모두 끄고 깜깜하게
하는가, 아니면 켜둔 채로 잠자리에 드는가?

이 질문을 하면 "어두운 걸 무서워해서 환하게
불을 켜놔요", "밝으면 잠들지 못해서 깜깜하게 해
요", "살짝 켜둔 채로 잠을 자요" 등 다양한 대답이
나온다.

스위스 바젤대학교 조지 브레이너드(George
Brainard) 박사가 이끄는 연구팀 보고에 따르면, 밤
에도 계속해서 빛에 노출될 경우 건강에 각종 악
영향이 미친다고 한다. 온종일 인공 빛을 쬐고 노

트북이나 스마트폰의 자극을 받아 눈과 뇌가 큰 부담을 안기 때문에 당연한 결과라고 할 수 있다.

예전에 나도 영감이 강한 탓에 어둠을 무서워했고 잘 때는 항상 불을 켜놓았다. 하지만 밝은 상태에서 자면 좋지 않다는 것을 알게 된 다음부터는 잠시 마음의 주문을 건 후 불을 끄고 자게 됐고, 그 덕에 더욱 깊고 편안한 수면을 취하게 됐다. 완전하게 몸의 감각을 끄니 완전한 휴식 시간을 갖게 된 것이다.

깊고 편안한 잠을 위해
때로는 주문을 걸어 자신을 속이는 것도 좋다.

어두워서 잠들기 어렵다면 힘들게 따라 할 필요는 없지만 조금씩 밝기를 낮춰가는 방법을 써보자. 잠만 깊이 잘 자도 다음 날 눈을 떴을 때 몸의 컨디션이 크게 달라진다.

편안한 수면을 위한 바디스캔 가이드

바디스캔(Body Scan)은 발끝에서 머리끝까지, 주의
를 집중해 몸의 감각을 느끼고 알아차리는 방법이
다. 특히 자기 전 침대에 누워 바디스캔을 하면, 몸
과 마음이 이완되고, 긴장감에서 벗어나 정서적인
안정감을 느끼게 해주어 숙면을 취하게 하는 효과
적인 방법이다.

> 바디스캔 가이드
> - 몸의 긴장을 풀고 편안히 눕는다. 양팔은
>   몸 옆으로 힘을 빼고 자연스럽게 둔다.

– 호흡은 천천히 들이마시고 내뱉으며 온몸의 긴장을 푼다.
– 발끝의 감각을 느껴본다. 발끝에서 발목, 종아리, 엉덩이로 올라가며 감각을 느끼고, 내 몸과 바닥이 닿아 있는 느낌을 느껴본다.
– 윗배와 아랫배, 가슴, 어깨의 감각을 느껴본다.
– 얼굴의 모든 근육의 힘을 풀고, 눈, 코, 입, 턱에서 목까지 감각을 집중해서 느껴본다.

이와 같이 방법은 아주 간단하다. 단계별로 30초 정도씩 집중해 감각을 느낀 뒤 다음 단계로 넘어가면 된다. 모든 일과를 마친 뒤 침대에 누워 바디스캔을 해보자. 개운한 아침이 당신을 기다리고 있을 것이다.

제5장

인정받고
사랑받는
사람의
특별한 습관

일과 관련 없는
사람을 만나라

인간관계에는 스트레스가 따른다. 상대에 대한 배려, 꼭 전달해야 하는 내용을 주고받아야 한다는 긴장감 등 사람과 관계될 때는 많든 적든 정신적 피로를 느끼게 된다. 직업상 많은 사람을 만나야 하는 나도 지칠 때가 있다. 하지만 사람 만나는 일이 피곤하다고 해서 만남을 거부할 순 없다. 혼자서 할 수 있는 일에는 한계가 있고, 다른 사람과 함께해야 새로운 기회가 생기고 가능성을 현실로 만들 수 있기 때문이다.

만약 사람 때문에 지치고 인간관계에서 스트레

스를 받는다면 일과 아무런 관련이 없는 친구를 만나 대화를 즐겨보자. 사람을 만나면 지치고 피곤해진다는 부정적인 기분이 즐거운 기분으로 바뀐다.

　나는 정기적으로 일과 전혀 관련이 없는 사람들을 만나 골프를 친다. 속마음을 잘 아는 친구들이기 때문에 다소 과격한 농담을 해도 서로 기분 상할 일이 없고, 직함과 역할을 내려놓고 본연의 나로 있을 수 있어 스트레스 없이 시간을 보낼 수 있다. 또한 일과 무관한 사람들과 있다 보면 업무를 생각하지 않아도 되기에 마음이 한결 편해진다.

　자주 만나는 한 레스토랑의 오너는 매일 웃는 얼굴로 고객을 대하는 멋진 분이다. 고객을 직접 상대하다 보니 사람에게 지치는 경우가 많지만, 골프를 치는 시간만큼은 사람에 대한 스트레스 없이 편안하게 즐길 수 있다고 했다. 다른 사람과 즐거운 시간을 보내고 골프로 몸을 계속 움직이다 보면 몸도 개운해져 다음 날 스트레스 없이 하루를 시작할 수 있다고 한다.

사람 때문에 지쳤을 때는 사람을 만나 기분을 전환해보자. 인간관계에서 스트레스를 받으면 사람을 만나고 싶지 않아지는 게 보통이다. 그런 생각을 가지고 사람을 만나면 아무리 티를 내지 않으려고 노력해도 속마음을 들키기 때문에 관계가 더욱 어색해진다. 그런 일이 지속되면 인간관계의 스트레스가 늘어나고 문제가 생길 수도 있다. 또한 사람에 대한 스트레스는 본인이 생각하는 것 이상으로 우리의 마음과 뇌를 피폐하게 한다. 빠르게 제거해야 한다.

일 이외의 사람과 만나면
업무와 관련된 인간관계도 좋아진다.

일이 끝나면 친한 친구, 일과 관련 없는 지인을 만나 대화를 나눠보자. 가족과의 대화로 스트레스가 풀리는 사람은 가족과 함께 시간을 보내도 좋다. 세계적으로 유명한 기업의 CEO였던 사람은 저녁 회식을 거절하고 가족과 대화하는 시간을 최우선 순위로 삼았다고 한다.

일을 잊게 해주는 사람을 만나기만 해도 안고 있던 마음의 짐이 덜어지고, 무거운 갑옷을 벗는 기분이 들어 몸이 편안해진다. 만나기 어려울 때는 전화 또는 영상통화를 하거나 메시지를 주고받기만 해도 효과가 나타난다.

일주일에 한 번, 적어도 한 달에 한 번은 일과 관련 없는 사람과 만나는 약속을 잡아보자. 스트레스 없는 만남을 주기적으로 가지면 사람과 만났을 때의 즐거움을 잊지 않게 된다. 사람과 기분 좋은 시간을 보내는 것이 얼마나 중요한지를 깨닫게 되면, 일로 만나는 사람과도 좋은 관계를 쌓기 위해 노력하게 되고 커뮤니케이션 능력도 좋아진다.

사과해야 할 일은
당일 밤을 넘기지 마라

사회에서 인정받는 사람일수록 실패와 실수를 중요하게 여긴다. 실패나 실수는 개선하면 좋아지는, 성공에 다가가고 있음을 보여주는 지표이기 때문이다. 비즈니스를 꾸준히 성장시키기 위해서는 끊임없이 도전해야 하는데, 도전한 만큼 실수를 하게 된다. 실수는 비즈니스 성공의 열쇠로 언제든지 환영한다고 말할 정도다.

이때 한 가지 주의해야 할 점이 있다. 바로 인간관계를 망치는 실수다. 나도 지금까지 여러 번 이런 실수를 저지른 적이 있다. 시간이 흘러 차분히 생각하면 그렇게까지 화낼 일이 아니었지만 상대방의 실수를 용납하지 못했고, 순간의 감정에 휘둘려 공격적으로 나가버린 끝에 신뢰 관계가 무너져 사업을 끝까지 이어가지 못했다. 그 외에 내가 잘못했음에도 더 이상 함께하는 일에서 재미를 느끼지 못하겠다며 사과도 없이 떠나온 적도 있다. 그 사람과의 관계는 개선하지 못했고, 당연히 사업도 중간에 멈췄다.

아무리 좋은 프로젝트여도 관련된 사람들의 관계가 무너지면 성공할 수 없다. 비즈니스를 함께한다는 것은 시간과 돈과 노력을 함께 투자한다는 것이다. 서로 냉정하게 생각하고, 어느 정도의 각오를 하고 달려들어야 한다. 일시적인 감정을 우선해서는 안 된다.

평소에 나 같으면 당연히 알아차렸을 것이다. 하지만 그렇게 하지 못한 이유는 '실수'로 인해 생긴 초조함과 동요 그리고 '나만 잘못한 것이 아니야'라는 고집이었다.

사람은 감정의 동물이다.

때로는 이성보다 감정을 드러내기 쉽다.

그러나 감정에 지배당하면

올바른 판단을 내리지 못하고,

행동과 사고도 좋은 방향으로 흘러가지 않는다.

인간관계의 문제는 대부분 일시적인 감정에서 생겨난다. 감정에 휘둘려 화를 내거나 실언을 하면 상황이 더욱 악화되어 되돌릴 수 없는 상태에 빠진다.

당신도 그런 경험이 있을 것이다. 왜 그렇게 화를 냈을까, 용서할 수는 없있을까 등 지금 와서 생각하면 자신도 이해하지 못하는 상황 말이다. 그건 바로, 감정에 휘둘렸기 때문이다.

아무리 강한 감정에 휘둘렸어도 감정은 반드시 가라앉는다. 저녁에 집에 돌아와 뇌와 마음과 몸이 휴식 모드에 들어가면, 감정이 가라앉아 냉정하게 생각할 수 있다.

인간관계에서 문제가 생긴 날은 휴식 모드인 밤에 상대방에게 메일을 보내보자. 이때 주의해야 할 점은 문제를 되돌아보는 것이 아니라 '앞으로 어떻게 할 것인가'를 생각하는 것이다. 함께 진행 중인 프로젝트나 일을 성공시키고 싶다거나 아니면 끝내고 싶다는 생각을 전한다. '왜 이렇게 됐을까. 상대방에게 사과하고 싶어. 내 생각을 이해해줬으면 좋겠어' 같은 생각은 전부 버린다. 프로젝트를 성공시키고 싶다면 그런 내용의 취지로 메일을 보낸다. 반대로 끝내는 것이 최선이라고 판단했다면, 그렇게 쓴다. 어떤 선택을 하든 메일을 작성하다 보면 그런 결론을 실행하기 위해 자신이 해야 할 일과 상대방에게 전달해야 하는 일들이 보인다. 그러면 솔직하게 사과의 뜻을 전할 수 있다.

인간관계를 회복하는 데는 시간이 중요하다. 당일 밤을 넘기면 상황은 더욱 나쁜 방향으로 흘러간다. '쇠는 뜨거울 때 두드려라'라는 말이 있듯이 문제가 발생한 날 밤에는 상대방도 그 일을 생각하고 있을 가능성이 크기에 쉽게 이야기를 꺼낼 수 있다.

상대방도 고민하고 있는데 당신에게 솔직한 메일이 도착했다고 해보자. 같은 목표를 향해 함께 달려온 사람이기 때문에 솔직한 마음과 앞으로의 생각이 담긴 당신의 메일을 보면, 상대방도 자신은 어떻게 하고 싶은지 진지하게 생각하게 된다.

이후에는 상대방의 답장을 기다린다. 결론이 어떻게 나든 서로의 관계가 더욱 틀어지거나 관계가 끊기는 상황까지는 가지 않는다. 기회가 되면 다시 대화를 나누거나 무언가를 함께할 수 있는 관계가 될 수도 있다.

물론 당신이 보낸 메일에 답장이 없거나 무례한 답장이 올 가능성도 있다. 상대방이 아직 감정에 휘둘린 상태이기 때문이다. 그때는 이것도 어쩔 수 없다고 생각하고 받아들이자.

만남의 효과를 극대화하는
메일 한 통

몇 년 전에 있었던 일이다. 처음 만나기로 약속한 사람에게 약속 전날 이런 메일을 받았다.

안녕하세요.

내일 만나기로 한 ○○○입니다.

이번에 귀중한 시간을 내주셔서 감사합니다.

내일 만나뵐 생각을 하니 벌써부터 기대됩니다.

내일은 브랜딩 문제와 비즈니스 협업에 대해서 의논할 예정입니다.

또한 시간이 되신다면 저서에 대해서도 이야기

를 나누고 싶습니다.

내일 ○○시에 △△에서 뵙겠습니다.

도착하시면 연락 주시기 바랍니다.

제 전화번호는 ×××-××××-××××입니다.

잘 부탁드립니다.

그럼 내일 뵙겠습니다.

약속 전날 확인 메일을 보내는 준비성에 호감도가 상승했으며, 정중한 메일 내용을 보고 신뢰할 수 있는 사람이라고 느꼈다. 만남에 대한 기대와 감사 인사, 어떤 이야기를 나누고 싶은지에 대한 내용까지 간략하게 정리해주었기 때문이다. 그 짧은 메일을 받고 나도 그 사람과의 만남을 더욱 기대하게 됐다.

약속 상대에게 전날 메일을 보내면 약속을 확인하는 동시에 자연스러운 만남을 연출할 수 있다. 특히 처음 만나는 사람이나 오랜만에 만나는 사람 또는 오래전에 약속했던 사람이라면, 약속 내용을 확인함과 함께 만남에 대한 기대감을 드러내는 말을 덧붙여 보내자. 상대방은 당신의 준비된 자세에 감탄하고, 세심한 부분까지 확인하는 사람이라며 호감을 갖게 된다. 만나기 전부터 이미 긍정적인 만남이 시작된 셈이다.

낮 시간에 메일을 보내는 것도 좋지만, 대부분은 업무로 한창 바쁜 시간에는 모든 메일을 꼼꼼히 확인할 여유가 없다. 이를 고려하여 너무 늦지 않은 저녁 시간에 볼 수 있도록 메일을 보내면, 상대방도 여유가 생겨 당신과의 약속을 천천히 확인할 수 있다.

철저하게 준비하는 태도는 커다란 무기가 되어 성장과 성공을 뒷받침해준다.

약속 확인 메일은 길게 쓸 필요 없다. 작성하는 데 많은 시간을 들이지 않아도 된다. 오히려 간략하게 요점만 쓰는 것이 호감도를 높인다. 만나서

할 일, 시간과 장소, 만남에 대한 기대 등 기본 문장을 여러 개 만들어놓고, 그때그때 적절하게 사용하자.

일주일에 한 번은
가벼운 술자리를 만든다

사람은 술을 마시면 뇌 활동이 둔해져 거짓말을 하지 못하게 된다. 그리고 같은 인간으로서 시간을 즐기다 보면 일터에서도 더욱 친근하게 지낼 수 있다.

나도 일주일에 한 번은 술자리를 만드는데 서로를 알기 위한 자리, 관계를 형성하는 자리로 활용하고 있다. 참가자는 그때그때 다르다. 각 업계의 주요 인물, 꼭 한 번 진지하게 대화를 나누고 싶었던 사람, 스승, 팀원, 비즈니스 파트너, 거래처 사람, 강연 참가자 등이다.

같은 술자리라고는 하지만 분위기와 목적은 모두 다르다. 예를 들어 정보 교환이나 관계 구축이 목적인 경우에는 편안한 자리이기 때문에 술이 들어가면 자연스럽게 대화가 이어진다. '그 자리에서만 들을 수 있는 이야기'가 나오기도 하고 진짜 정보를 듣게 되기도 한다. 그에 비해 자신의 목표를 달성하는 데 필요한 사람과의 술자리는 차분한 분위기가 만들어진다. 자기 생각을 솔직하게 이야기하면 상대방도 진지하게 들으며, 서로 돈독한 시간을 보낼 수 있다.

물론 낮에 배울 수 있는 것들이 있지만, 밤에 술을 곁들였을 때는 서로 어떤 고민을 하고 어떤 시련을 극복해왔는지 말하게 된다. 술을 마시지 않으면 듣기 어려운 이야기가 나온다. 목표를 달성하는 데 필요한 기술도 배울 수 있기 때문에 결과적으로 목표를 빠르게 달성할 수 있다.

비즈니스 파트너는 평소에 자주 만나더라도 일을 할 때는 일에 집중하느라 서로 깊은 이야기를 나누기는 어렵다. 마음속에 어떤 생각을 갖고 있는지 살피지 않으면 어느새 마음이 어긋날 수 있는 게 인간이다. 그런 불상사가 일어나지 않도록 가끔 술자리를 갖고 지금 어떤 생각을 하고 있는지, 마음속에 감추고 있는 불만은 없는지 서로 이야기한다. 나는 이때 감사의 마음을 전하기도 한다.

강의를 할 때는 반드시 친목회를 가진다. 교단에 서는 강사와 수강생이라는 위치가 사라지기 때문에 솔직한 이야기를 주고받을 수 있고, 강연 자리에서는 하기 어려웠던 질문과 상담을 받기도 해서 수강생의 만족도가 높은 편이다. 수강생들에게도 도움이 되겠지만, 나 역시 많은 자극을 받았고 깨달음도 얻었다.

팀원과의 술자리는 팀워크를 높이는 자리다. 무슨 일을 하든 팀워크가 중요하다. 구성원 중 한 사람의 의욕이 떨어지거나 불만을 갖고 이탈을 생각하게 되면 팀이 동력이 멈추게 된다. 이런 사태를 피하기 위해 잠시 숨을 고르고 팀의 목표를 다시 확인하며 즐거운 시간을 공유하면서 같은 팀으로 일하는 것을 즐기게 한다.

단순히 술만 마시는 것이 아니라
목적과 전략을 가지고 마신다.
술자리는 강력한 인간관계를 구축하는 기회다.

그 외에도 성공한 사람의 전략을 내 것으로 만들거나, 바빠서 밤에만 만날 수 있는 사람과 진솔한 시간을 보내며, 거래처와 좋은 관계를 쌓고, 틀어진 관계를 회복하며, 평소에 도움을 주는 사람에게 식사를 대접하는 등 밤이기 때문에 할 수 있는 것들이 있다.

낮에는 마음을 터놓고 이야기하기 어렵지만, 저녁 술자리에서는 아무리 경계심이 강한 사람이라도 마음을 열기 마련이다. 서로의 경계심을 풀고 마음속에 있는 이야기를 나눌 수 있는 최고의 기회를 놓치지 않도록 저녁 술자리를 활용해보자.

감사하는 마음도
습관이다

성공한 사람들은 대부분 주변 사람들에게 감사의 마음을 전하는 습관을 가지고 있다. 만난 사람에게는 직접 "감사합니다"라고 말하고, 만나지 못한 사람에게는 마음속으로 감사의 마음을 전한다.

'경영의 신'으로 불리는 마쓰시타 고노스케(松下幸之助)는 저서에서 "주변에 불평·불만을 갖고 독을 퍼트리면 실적은 반드시 악화된다. 반대로 자신을 돕는 주변 사람들에게 감사의 마음을 가지면 가질수록 성공은 정비례한다"라고 말했다.

나는 매일 아침 조상과 부모님께 감사 인사를

드리고, 가족과 주변 모든 사람에게 감사의 마음을 전한다. 신기하게도 이 습관을 갖게 된 이후부터 사업이 잘 풀렸다.

다양한 일을 하면서 많은 사람을 만나게 됐고, 다양한 사람들과 협업 비즈니스를 하는 기회가 늘어나면서 매일 밤 그날 만났던 사람들에게 감사 인사를 하는 습관도 생겼다.

컨설팅을 의뢰한 클라이언트, 업무 미팅을 가진 사업 파트너, 영어 선생님, 친절한 카페 직원 등 눈을 감고 낮 동안 만난 사람들의 얼굴을 떠올리며 마음속으로 '감사합니다'라고 인사한다.

물론 만났던 자리에서도 감사 인사를 하지만 밤에 다시 한번 인사한다.

모든 성공과 성과는
사람이 만들기 때문이다.

감사하는 습관을 기르면 그날 나쁜 감정인 상태

로 헤어졌던 상대방이라 할지라도 기분 전환이 되면서 존경심이 들기도 한다. 결과적으로 주변 사람들과의 인간관계가 점점 좋아졌고, 사람에게 나쁜 감정을 갖는 일도 점차 없어졌다. 오늘 하루를 감사한 마음으로 끝내면 마음이 편안해지고 기분 좋게 잠자리에 들게 돼 다음 날 아침에도 상쾌하게 눈이 떠진다.

잘 알고 지내는 경영인은 매일 밤 페이스북 메시지에 '좋아요'를 눌러준 사람들의 이름을 모두 읽은 다음 속으로 '감사합니다'라고 인사한다고 한다. 그는 유명 인사에게 상담 요청이 들어올 정도로 신뢰받는 사람이다. 바쁘게 지내다 보면 감사의 마음을 잊어버릴 때가 있다. 말로는 "감사합니다"라고 하지만 마음속으로는 그렇게 생각하지 않을 때가 있지 않은가. 이런 일이 일어나지 않도록 매일 감사의 시간을 갖는 것이 좋다.

나는 만났던 사람들에게 감사 인사를 전한 후에는 "오늘도 하루를 무사히 마칠 수 있게 해줘서 감사합니다"라고 기도한다. 세상에는 언제, 어떤 일이 벌어질지 모른다. 하루하루를 소중하게 보내야 한다. 그러려면 감사의 마음을 잊지 않는 것이 중요하다.

마음만으로는 상대방에게 전달되지 않으므로, 쑥스러워하지 말고 그때그때 "감사합니다"라고 말해보자. 그리고 오늘 하루 수고한 자신에게도 고마움을 잊지 말아야 한다. 그래야 내일도 힘차게 보낼 수 있다.

꾸준히 성과를 내는
사람들의 공통점

비즈니스에서 성과를 내기 위해서는 다른 사람의 힘과 지원이 필요하다. 꾸준히 성과를 내기 위해서는 다양한 변화가 필요하며 이는 혼자서는 할 수 없기 때문이다.

내가 도움을 받기 전에
먼저 상대방을 돕는다.
꾸준히 성과를 내는 사람들의 공통점이다.

나는 주로 밤에 지인들을 소개하는 자리를 만든

다. 낮에는 비즈니스 모드로 일에 대해서만 대화를 나누기 때문에 소개하는 자리를 만들어도 대화가 잘 풀리지 않는 경우가 자주 있었다. 그래서 처음 만나는 자리라도 과감하게 밤에 약속을 잡는다. 서로 끈끈한 관계를 맺고자 하는 사람들을 소개해주기 때문에 편안하게 식사하고 술을 마실 수 있는 장소로 준비한다. 식사와 술이 좋은 윤활유가 되어 공통의 화제를 만들어주기도 한다.

어디까지나 나의 주관적인 생각이지만 '이 두 사람이 만나서 무언가를 함께하면 좋은 성과를 내지 않을까' 싶을 때도 많다. 이렇게 말하면 "당신에게는 아무런 도움이 되지 않는 거 아닌가요?"라고 얘기하는 사람도 있다. 하지만 정말로 상관없다. 소개해준 사람들이 좋은 관계를 맺고 한 단계 성장하면 다음에는 나에게 좋은 사람을 소개해주기 때문이다.

나를 아는 사람이 내게 어울리는 좋은 파트너를 소개해주면서 한 사람, 한 사람 좋은 만남이 이어져 인맥이 쌓인다. 그 결과 다양한 일을 하게 됐고, 혼자서는 생각지도 못했던 가능성을 발견하는 등 좋은 일이 많았다.

최근에는 내 생각을 읽고 새로운 만남을 소개해주는 사람도 많다. 새로운 비즈니스에 사용할 홈페이지를 제작할 때 실력 있는 웹 제작자를 소개받기도 했고, 새로운 주제로 강연을 기획할 때 수강생 모집에 뛰어난 실력을 갖춘 분을 소개받았으며, 써보고 싶은 책의 주제에 관심을 갖고 있던 편집자를 소개받기도 했다. 잘 아는 한 경영인은 "나도 모르게 '이 사람을 고토 씨에게 소개하면 좋을 것 같은데'라고 생각하고 있더라고요"라고 말하기도 했다.

사람들은 도움을 받으면 되돌려주고 싶어 한다. 되돌려받기 위해 도와주는 방법은 추천하지 않지만, 누군가를 위해 진심으로 행동한다면 언젠가 사람과 운과 돈으로 되돌아온다.

좋은 인맥을 만들고 싶다면, 먼저 자신 말고 다

른 사람의 인맥을 좋게 만드는 일부터 시작하기 바란다. 결과적으로 당신도 좋은 인맥을 빠르게 만들 수 있다.

서로의 강점을
조합하라

비즈니스는 만남에서 시작된다. 그런데 언제나 같은 사람만 만난다면 비즈니스는 발전하지 않는다.

새로운 사람을 만나 서로의 강점을 조합하면
일도, 사람도 성장한다.

나는 마음에 드는 사람이 있으면 적극적으로 만남을 추진한다. 만나기 전날에는 반드시 그 사람에 대해서 찾아본다. 어떤 일을 하는 사람인지, 어떤 실적을 달성했는지, 블로그나 SNS를 하고 있다면 내용을 확인하고, 책을 썼다면 최근에 출간한 책이 무엇인지 찾아본다. 이렇게 하면 실제로 만났을 때 자연스럽게 대화를 나눌 수 있고, 진지하게 비즈니스를 제안할 수 있다. 제안에 필요한 자료도 그 자리에서 바로 보여줄 수 있다. 상대방도 자신에게 적극적인 관심을 보이는 내 모습에 호감을 보인다. 무엇보다, 상대를 알아보는 과정에서 만남을 더욱 기대하게 되는 효과가 있다.

"왜 미리 하지 않고 전날 밤에 하는 건가요?"라는 궁금증을 가진 사람도 있을 것이다. 그 이유는 너무 많이, 자세히 알면 오히려 독이 될 수도 있기 때문이다. 처음 만나는 사람이 자신에 대해 지나치게 자세히 알면 거부감을 느끼게 된다. 위험한 사람이라며 경계할지도 모른다. 그러지 않도록 적당히 알아보는 것이 중요하다.

실제로 해보면 그렇게 많은 시간이 필요하지 않고, 생각지도 못한 정보를 얻는 경우도 있다. 꼭 한번 해보길 바란다.

감사하는 뇌,
삶의 활력과 만족도를 높이는 법

일이 뜻대로 되지 않아 화가 날 때, 우울한 기분에
삶이 무기력해질 때… 일단 생각을 멈추고 감사할
일 세 가지를 떠올려보자. 감사하는 마음을 느끼는
순간 실제로 머리가 맑아지고, 행복을 느끼게 해준
다는 연구가 있다.

마이애미대 심리학과 마이클 맥클로우(Michael
E. McCullough)교수에 따르면 감사하는 마음을 느끼
는 순간 뇌 좌측 전전두피질이 활성화되어 스트레
스가 완화되고 행복감을 느끼게 된다고 한다.

또한 UC데이비스 심리학과 로버트 에몬스

(Robert Emmons) 교수 또한 한 실험에서 한 그룹에게는 감사 일기를 주기적으로 쓰게 하고, 한 그룹에게는 자유롭게 쓰고 싶은 것을 쓰게 했다. 한 달 뒤 감사 일기를 쓴 그룹의 행복지수가 높아진 것은 물론, 일이나 운동 등에서도 더 좋은 성과를 보였다. 감사 일기를 쓰는 행동이 뇌를 자극해 긍정적인 감정을 활성화시킨 것이다.

대단한 일이 아니어도 좋다. 기분 좋게 아침 인사를 건넨 회사 동료, 기분을 상쾌하게 해준 오늘의 날씨, 오랜만에 안부 문자를 보낸 친구 등 무심코 지나칠 수 있을 작은 일이라도 감사의 마음을 느껴보자. 긍정적인 기운, 삶의 활력이 생기는 효과를 맛보게 될 것이다.

제6장

나를
스스로
변화시키는
저녁의 힘

가까운 미래를
생각하는 연습

인터넷은 가능성의 보고다. 적절히 활용하면 '이렇게 되고 싶다' 또는 '이렇게 하고 싶다'라는 당신의 바람을 이루어주고, 10년 후나 20년 후 같은 먼 미래부터 당장 내일이나 모레 같은 가까운 미래까지 많은 도움을 준다.

나는 미래의 보물을 찾기 위해 시간이 있는 밤에 인터넷 검색을 한다. 주로 관심을 갖는 분야는 책과 옷이다. 사고 싶은 책을 찾거나 요즘 어떤 책들이 잘 팔리는지, 어떤 신간이 출간됐는지, 좋아하는 작가의 신간이 나왔는지 등을 알아본다.

나에게 책은 성장 엔진과 같다. 새로운 노하우와 기술을 배우고, 사고를 정리하고, 인간으로서 살아가는 방식을 배운다. 새로운 미래를 여는 도구라고 해도 좋다. 그래서 책에 관한 정보는 반드시 확인한다. 실제로 서점에 가서 확인하는 경우도 있지만 따로 시간을 내야 하기도 하고, 최근에는 책을 많이 들여놓지 않은 서점들도 있어 정보 수집 차원에서는 인터넷을 활용한다.

또한 스타일리스트라는 직업 특성상 옷도 좋아한다. 컨설턴트는 이미지가 중요하고 스타일을 관리하지 않으면 일을 이어갈 수 없기 때문에 나에게는 특히 중요한 도구다. 게다가 옷에는 두 가지 효과가 있다. 좋아하는 옷이나 밝은색 옷을 입으면 기분 전환이 되고 동기도 부여된다. 또한 좋아하는 옷을 입기 위해 몸매를 유지하는 데에도 신경 쓰게 된다. 자존감을 높이는 데 소홀히 할 수 없는 부분이다.

인터넷에서는 다양한 브랜드의 옷과 책을 볼 수

있고 자유롭게 선택할 수 있다. '재미있을 것 같은 책인데?', '이렇게 멋진 옷이 있다니!' 등 발견하는 순간부티 즐기울 뿐만 아니라 '이 책을 읽고 나면 이런 일을 할 수 있겠지', '이 옷을 입고 놀러 가면 기분이 좋아지겠지'라며 구매한 후 일어나게 될 일에 대해서도 기대감을 갖게 된다.

인터넷 속 보물찾기는
가까운 미래를 생각하는 연습이다.

인터넷이기 때문에 다른 사람 신경 쓸 필요 없이 마음껏 보물찾기를 할 수 있다. 평소에 선택하지 않는 것도 마음껏 볼 수 있는 곳이 인터넷이다. 새로운 만남에 과감히 뛰어들어 보는 것도 괜찮다. 인터넷이라는 세상에서 생각지도 못했던 자신을 만날지도 모른다.

잠재의식의
반응에 주목하라

당신은 평소에 어떤 식으로 정보를 얻는가? 아마도 TV, 신문, SNS, 인터넷 등 다양한 매체를 사용할 것이다. 매체라는 단어를 썼지만 세상의 정보는 대부분 누군가에 의해 편집된 것이다. 사람이 개입하면 해석과 의도가 들어간다. 본인이 만들었어도 다른 누군가가 편집할 수 있다.

'인터넷에는 이렇게 쓰여 있었는데 TV에서는 이렇게 말하네? 뉘앙스가 다른걸. 무엇이 사실일까?'라고 의구심을 느끼는 사람도 많다. 하나의 정보만으로 사물을 판단하는 것은 매우 위험하다. 하지만 세상의 모든 정보를 검증할 수도 없고, 현실적인 방법도 아니다.

우선 당신이 지금 관심을 갖고 있는 사람이나 일이라면, 그에 대해 찾아본다. 감이 잡히지 않을 때는 당신이 하고 싶은 비즈니스를 이미 실행하고 있는 사람 또는 관심 있는 분야에 대해 이야기하는 전문가를 찾아본다. 당신에게 유익한 정보가 될 가능성이 크다.

나는 인터넷 뉴스를 살펴보다가 관심을 갖게 된 사람이나 새롭게 시작한 비즈니스에서 이미 성과를 내고 있는 사람에 대해서 찾아본다. 수많은 뉴스를 읽으면서 더 관심을 갖게 됐다면 자신에게 의미 있는 존재로 발전할 가능성이 있다. 우선 그 사람이 어떤 일을 하고 있는지, 어떤 생각을 하고 어떤 말을 했는지 찾아보고 더욱 관심이 생기면 그 사람의 이후 발언에 주목한다. 반대로 크게 관심이 가지 않는다면 거기서 조사를 멈춘다.

복수의 정보를 확인하면 그 사람이 무슨 생각을

하고 어떤 방식으로 일하는지 알 수 있고, 목표를 달성하기 위해 내가 무엇을 생각하고 무엇을 해야 하는지 알 수 있다. 때로는 잘못 이해하고 있던 것이나 새로운 과제를 발견하기도 한다.

처음에는 인터넷 조사부터 시작한다. 인터넷 기사 외에 신문, 잡지 기사도 검색할 수 있기 때문이다. 그리고 더 깊이 있게 알고 싶으면 SNS, 만약 그 사람이 집필한 책이 있다면 책을 읽는다. 과거에는 그 사람이 발매한 DVD를 구입하거나 강연회에 찾아가는 방법도 있었다.

관심 있는 사람과 직업에 대해서 찾다 보면 관심 분야의 지식이 쌓이고 더욱 깊이 있는 정보를 갖게 되면서 다른 사람들보다 그 분야를 잘 알게 되어 나만의 장점으로 만들 수 있다. 앞에서 롤렉스 시계 얘기를 했듯이 정보를 찾아가다 보니 다른 사람들보다 자세히 알게 되고 강연까지 개최하게 됐는데, 이 역시 관심 있는 것을 찾다가 얻은 결과다.

최근에는 마니아적인 주제를 가지고 한정된 인원만 모집해 실시하는 소수 정예 강연이 늘어나고 있고, 평상시에 강사 일을 하지 않는 사람이 강사가 되는 일도 적지 않다. 이것이 부업으로 연결되기도 한다. 어떤 분야든 깊이 공부하다 보면 반드시 성과를 얻게 된다.

'관심'이 간다는 것은
당신의 잠재의식이 반응하고 있다는 것이다.

관심이 생기는 것에 둔감해지지 말고, 조금씩 찾아보길 바란다.

'내가 되고 싶은 인물' 리스트 읽기

나는 주기적으로 '내가 되고 싶은 리스트'를 작성한다. 우선 3년 후 신이 원하는 꿈을 이루어준다고 했을 때 어떤 꿈을 이루고 싶은지, 어떤 사람이 되고 싶은지 쓴다.

　방법은 간단하다. '○○이 된다', '○○을 한다' 등 긍정적인 문장을 항목별로 쓴다. 10~15개 정도가 적당하다. 이때 포인트는 '현재의 나로서는 할 수 없는 것', '내 실력으로는 이루기 어려운 것' 등 부정적인 생각과 현실적인 발상을 멈추고 생각하는 것이다. 이런 접근으로 자신이 바라는 진짜 이상향을 표출한다. 이상향이 보인다면 생각나는 대로 전부 종이에 쓴다.

되고 싶은 리스트는 당신의 미래 설계도이며 미래의 이상향으로 당신을 끌어당기는 내비게이션이다.

참고로 나의 리스트에는 다음과 같이 적혀 있다.

- 최고의 남자 되기
- 자녀들을 성공으로 이끌기
- 강연, 집필, 프로듀스로 이익 내기
- 최고의 동기부여 전문가 되기
- 브랜딩 전문가로 활약하기
- 유창한 영어 실력 만들기
- 끊임없이 새로운 것에 도전하기

구체적일수록 좋지만 추상적이어도 상관없다.

메모한 종이는 눈에 잘 띄는 곳에 붙여둔다. 그리고 매일 밤 잠들기 전에 소리 내어 읽는다. 이렇게 하면 수면 전 잠재의식에 빠진다.

잠들기 전에는 뇌와 잠재의식도 휴식 상태에 있다. 휴식 상태일 때는 생각이 잠재의식 속으로 들어가기 쉽다. 잠재의식은 현실과의 차이를 좁히려고 하기 때문에 잠재의식에 빠진 상태에서 잠이 들면, 다음 날 아침 눈을 떴을 때 되고 싶은 내가 되기 위한 새로운 아이디어가 떠오른다. 떠올린 아이디어는 반드시 침대맡에 둔 메모장에 기록해둔다. 기록해두면 낮 동안 실천으로 옮길 수 있다.

미래는 오늘의 연속이다. 오늘의 변화가 내일을 바꾼다. 밤마다 '내가 되고 싶은 인물' 리스트를 읽으면, 매일매일 인생의 목표를 가지고 살아가게 된다. 자신이 꿈꾸는 인물이 되기 위해 목표를 의식하며 살아가는 날과 의식하지 않은 채 살아가는 날은 결과로 이어지는 과정도 크게 달라진다. '되고 싶은 나'를 의식하는 순간부터 '되고 싶은 나'라면 '이렇게 판단하지 않을까?', '이렇게 행동하지 않을까?', '이렇게 생각하지 않을까?'라며 생각하는 방식 자체가 달라진다.

인생은 목표로 만들어진다. 하루하루 '되고 싶은 나'에 다가가 보자.

밤 독서는 뇌에
확실히 저장된다

아침에는 뇌가 활발하게 움직이고 집중력도 높기에 공부는 아침에 하는 편이 좋다고 한다. 실제로 저녁형 인간이었던 나도 아침형 인간으로 바뀌면서 다양한 일을 아침 시간대에 했는데, 확실히 잘 풀렸다.

그러나 독서만큼은 밤에 하는 경우가 많다. 거기에는 크게 세 가지 이유가 있다.

첫째, 뇌는 밤에 자는 동안 그날 입력된 정보를 정리하고, 필요한 것만 확실하게 저장하기 때문에 밤에 집중해서 책을 보면 기억에 남기 쉽다.

둘째, 책은 마음을 위로하거나 스트레스를 해소하는 효과가 있어 밤에 책을 읽으면 하루의 부담을 내려놓고 편하게 잠들 수 있다. 양질의 수면은 좋은 능력을 발휘하는 데 도움이 되므로 기억을 저장하는 데 반드시 필요하다. 무슨 일이 있어도 손에 넣어야 한다.

셋째, 무엇보다 차분하게 책을 읽으면 책을 탐닉할 수 있다.

나는 사람을 키우는 데 책만큼 좋은 것이 없다고 생각한다. 일단 독서는 자신이 직접 해야 하는 능동적 행동이며, 타인의 지시를 받아 어쩔 수 없이 움직여야 하는 수동적 행동과는 차원이 다르다. 스스로 행동하기 때문에 긍정적인 마음으로 책의 내용을 받아들이고 이해해 변화를 가져오기 쉽다.

다른 사람이 경험한 인생의 뛰어난 지혜를 손에 넣을 수 있고, 시공을 초월해 보편적인 성공 법칙을 배울 수 있으며, 자신과 같은 처지 또는 더 힘든 상황에 있었던 사람이 어떻게 극복했는지를 체험하고 배우면서 앞으로 해야 할 일을 발견하는 등 효과는 매우 다양하다. 많은 문장을 접하면 문장력과 독해력이 늘고, 새로운 아이디어와 인생의 나침반이 되는 가르침도 얻는다. 다양한 배움의 도구가 있지만 책만큼 비용 대비 효과가 뛰어난 도구는 없다.

한 권의 책을 만나 인생이 크게 바뀌고 성공에 이른 사람도 많다. 성과를 내는 사람일수록 책을 활용해 인생을 좋은 방향으로 이끈다고 해도 과언이 아니다. 실제로 성과를 내는 사람 중에서 책을 가까이하지 않는 사람을 본 적이 없다. 성공한 사람들의 독서량은 엄청나다. 게다가 폭넓은 장르의 책을 읽기에 시야가 넓고 다양한 일에 대응할 수 있다.

독서의 장점은 많지만 앞서 이야기한 것 외에도 다양한 과제에 대응할 수 있다는 점도 빼놓을 수 없다. 다만 항상 똑같은 저자, 똑같은 주제의 책만 보면 한계에 다다른다. 다양한 책을 접해야 한다.

어떤 책을 봐야 할지 모를 때는 우선 서점으로 가자.

서점은 인생을 좋은 방향으로 이끄는 보석함이자 새로운 가능성을 제시하는 컨설턴트다.

처음에는 아무 코너나 가서 제목을 살펴가며 천천히 이동한다. 그러면 몇 개의 책 제목이 눈에 들어온다. 자신이 안고 있던 과제와 잠재적 관심이 그곳으로 이끈 것이다. 신기하게도 누구에게나 일어나는 현상이다.

그다음에는 관심 있는 분야의 서가로 가서 똑같이 제목을 보면서 천천히 이동한다. 갑자기 눈에 띄는 제목이 있다면 꺼내서 저자 프로필, 머리말과 차례를 보고 구매할지 말지를 판단한다. 조금이라도 관심이 생긴 책이 있다면 읽어보기를 추천한다.

꿈이 실현되는
6단계 플랜

일을 달성하기 위해서는 동기부여 말고도 계획이
필요하다. 이루고 싶은 것이 있다면 '꿈 실현 플랜'
을 만든다. 바라는 결승점을 설정하고, 도달할 때
까지의 단계를 생각한다. 이것이 꿈을 실현하기 위
한 계획이다.

'꿈 실현 플랜'을 만드는 방법은 다음과 같다.

우선 꿈을 향한 출발 지점부터 결승점 사이에
해야 할 것을 생각하고 각각의 단계를 만든다. 지
나치게 단계가 많으면 꿈을 실현하기 전에 지치기
쉽다. 각 단계 사이에 조금 더 작은 단계를 만들기

도 하지만, 큰 틀은 5~7개 단계로 만든다.

물론 각 단계를 진행하면서 문제가 발생하거나 해야 할 일이 늘어나기도 한다. 하지만 착실하게 각 단계를 밟아가면 상황은 한 걸음씩 앞으로 나아간다. 어떤 꿈이든, 이루기 위한 길은 반드시 단계화할 수 있다.

단계화는 어려운 공정을 간단하게 만드는 마법이자 결승점을 향한 길이다.

이루고자 하는 목표를 단계화하지 않고 감각만으로 진행하면, 시간이 지나도 해야 할 일이 명확해지지 않고 기준이 모호해져 결승점에 도달하기 어렵다. 이루고 싶은 꿈, 실현하고 싶은 목표가 있다면 곧바로 '꿈 실현 플랜'을 만들어 단계화를 시작하자. 해야 할 일을 명확하게 하면 꿈에 한 걸음 더 가까워진다.

'꿈 실현 플랜' 작성 방법

① 결승점(마지막 단계)을 정한다.

② 출발점(0단계)을 정한다. 출발 지점은 오늘이
   므로, 오늘의 상태를 출발점이라고 한다.

③ 꿈을 이루기 위해 필요한 것을 적는다.

④ 메모한 내용 중에 절대로 빠뜨려서는 안 되는
   것 3~5개를 고른다.

⑤ ④에서 선택한 것을 필요한 순서대로 나열한
   후 각각의 단계를 정한다.

⑥ ①, ②에서 작성한 결승점과 출발점에 맞춰 나
   열한다.

바라는 인생이 실현되는
강력한 설계도

세상에 존재하는 모든 것은 누군가가 머릿속에서 떠올린 상상이다. 우리 회사는 벽돌 구조로 되어 있는데, 20대 후반에 '회사 건물을 지을 때는 벽돌이 좋겠어'라는 머릿속 상상에서 시작해 서른두 살에 완성했다. 지금 당신이 읽고 있는 이 책도 처음에는 '이런 책이 있으면 누군가에게 도움이 되지 않을까'라는 발상에서 시작됐다.

발상과 상상이 형태로 만들어지는 데에는 많은 시간과 수고가 필요하다. 이 과정을 지탱하는 것이 동기다. 당연한 말이지만 상상의 시점에서 두근거

림이 없다면 동기가 부여되지 않고, 형태로 만들어지기 전에 좌절하게 된다. 즐겁고 두근거리는 상상은 동기를 강하게 부여해 최종적인 형태로 완성될 때까지 최선을 다하게 한다.

세상의 모든 것은
즐겁고 밝은 미래를 향한 상상에서 시작됐다.

매일 밤 '이런 건 할 수 없을까?', '이런 식으로 만들면 재미있겠어' 등 미래를 떠올리면서 두근거리는 시간을 가져보자. 이 시간이 당신의 멋진 미래를 만들어줄 것이다. 상상은 당신이 바라는 인생을 만드는 중요한 설계도다. 가슴을 뛰게 하는 상상을 해보자.

무사한 하루에
감사하며 잠든다

당신이 보낸 오늘은 어떤 하루였는가?

오늘이라는 하루를 목숨 걸고 산 사람들도 있을 것이다. 언제 삶이 끝날지 모르는 환경에서 온 힘을 다해 하루를 살아가는 사람도 있다. 우리는 우연히 평화로운 시대에 태어나 필요한 교육을 받고, 굶을 걱정 없는 환경에서 살고 있지만 이것이 당연한 환경은 아니다. 우리 조상들이 피와 땀을 흘리며 이룬 기적의 환경이다.

그러나 이 환경에 익숙해지면 또는 태어날 때부터 이런 환경이면, 사물이나 인간에 대한 감사의 마음이 희미해진다. 물론 나도 예외는 아니다. 지금 이런 이야기를 하고 있는 나도 젊은 시절에는 내 힘으로, 나만 열심히 하면 무엇이든 손에 넣을 수 있다고 착각했었다. 그러나 나이가 들고 인생 경험을 할수록 내 생각이 잘못됐다는 것을 알게 됐다. 우리는 살아가는 것이 아니라, 살아지는 것이라고.

무사한 매일이 기적이라는 것을 깨달은 후부터는 잠들기 전에 오늘도 살아 있음에 감사하다고 기도한다. '오늘도 살 수 있어서 행복합니다. 감사합니다'라고 감사의 마음을 갖는다. 하루의 중요성을 깨닫고 오늘 하루에 감사하며, 오늘도 무사히 하루를 보내고 잠들 수 있어 행복을 느낀다.

오늘이 당신에게 어떤 하루가 됐든, 하루를 마치고 잠들 수 있다는 것은 기적이다. 이 기적의 시간 속에 살아 있음에 감사하며, 편안히 잠들기 바란다. 푹 자고 일어나면 멋진 내일이 찾아와 있을 것이다.

사람은 몇 살이든 잘못을 바로잡을 수 있고,
몇 살이든 도전할 수 있다.

당신의 인생에 행복을 기원하며, 마지막으로 이
렇게 말하고 싶다.

"고맙습니다."

무너진 일상을 되찾는 시간 ⑥

"나는 날마다 더 좋아지고 있다"

긍정적인 자기암시가 과연 진짜 효과가 있을까? 이에 대해 플로리다 주립대 심리학과 로이 바우마이스터(Roy Baumeister) 교수는 "자기암시는 뇌의 학습 탄력성인 '가소성'을 높이는 효과가 있다"라고 「신경과학 동향」에 발표한 바 있다. 그에 따르면 의지는 타고난 것이 아니라 훈련을 통해 만들어지는 것이며, 자기암시를 반복한 사람이 그렇지 않은 사람보다 습관이나 목표에 대해 더 강한 의지를 보인다고 한다.

습관을 고치고 싶을 때 혹은 원하는 삶의 목표

가 있을 때 지속적인 자기암시는 그 의지를 강화시켜주는 좋은 수단이 된다는 것이다.

또한 자기암시의 대가인 프랑스 심리치료사 에밀 쿠에(Emile Coue)에 따르면 "나는 날마다 모든 면에서 조금씩 더 좋아지고 있다"라고 매일 매일 말하면, 실제 몸과 마음의 고통이 줄어든다고 한다. 그는 의식보다 무의식의 힘이 강하며, 생각보다 상상의 힘이 강하기 때문에 자기암시가 실제 효과로 나타나는 것이라고 한다.

오늘부터 매일 저녁 1분씩 "나는 날마다 더 좋아질 거야", "내일은 좋은 하루가 될 거야"와 같이 긍정직인 지기 암시를 해보자.

예상치 못한 상상의 힘이 곧 놀라운 긍정의 변화를 경험하게 해줄 것이다. 변화는 지금부터 시작이다.

에필로그

이제 내일이 기다려진다!

마지막까지 함께해준 분들에게 감사의 말을 전합니다.

이 책은 『나는 아침마다 삶의 감각을 깨운다』를 출간한 뒤 '저녁 시간 활용법'에 대해서도 써 달라는 의뢰를 받아 쓰게 된 책입니다. 처음에는 조금 망설였습니다. 당시 아침 코칭 전문가로 활동하며 아침의 중요성을 전하는 데에도 시간이 부족했기 때문입니다.

그러나 많은 강연 현장에서 "아침에는 가족을 돌보느라 저만의 시간을 갖기 어렵습니다. 저녁에 할 수 있는 방법은 없을까요?", "저녁 시간이 부쩍 늘었는데 어떻게 써야 할지 모르겠습니다. 너무 의미 없이 하루를 보내는 것 같아요" 등 저녁 시간 활용법을 궁금해하는 사람들이 점점 많아짐을 느끼게 되었고, 저 역시 아침 시간과는 또 다르게 저녁 시간만이 갖는 힘이 있음을 실제 경험으로 느껴왔기에 이를 정리해 소개하는 것 또한 저의 역할이라는 생각에 이 책을 쓰게 되었습니다.

모든 일은 조화를 이루었을 때 완벽해집니다. 아침을 활용하는 방법도 중요하지만 하루를 마무리하는 저녁을 잘 보내는 방법도 매우 중요합니다. 아침을 활용해 멋진 하루를 시작했다면, 멋진 내일을 맞이하기 위해서는 오늘 저녁을 잘 보내는 것이 중요한 열쇠가 되죠.

좋은 저녁을 보내면 다음 날 더욱 좋은 아침을 맞이하게 되고, 좋은 아침을 맞이하면 좋은 하루가 되고, 또 좋은 하루를 보내면 다음 날은 더 좋은 하루가 됩니다. 즉, 아침 시간 활용법과 저녁 시간 활용법을 함께 실천할 때 눈에 띄는 변화를 맞이할 수 있습니다.

여기까지 읽은 여러분은 이제 저녁 시간 활용법을 손에 넣게 됐습니다. 이제는 실천하는 일만 남았습니다. 단, 한 번에 모든 것을 실천할 필요는 없습니다. 그날의 컨디션, 일정에 맞춰 할 수 있는 것부터 시작하기 바랍니다.

『나는 아침마다 삶의 감각을 깨운다』에서 "아침을 지배하는 자가 인생을 지배한다"라는 말을 한 적이 있습니다. 하지만 사실을 이렇게 말해야 합니다.

밤을 지배하는 사람이 아침을 지배할 수 있고,
아침을 지배하는 사람이 인생을 지배한다.

오늘 저녁을 어떻게 보내느냐에 따라 내일 아침이 달라지고, 내일 아침을 어떻게 맞이하느냐에 따라 내일의 하루가 달라집니다.

이 책에서 배운 저녁 시간 활용법을 충분히 활

용함으로써 반짝반짝 빛나는 아침을 맞이하고, 충실한 하루를 손에 얻길 바랍니다. 나아가 후회 없는 멋진 인생을 살게 되기를 진심으로 바랍니다.

KI신서 9605

나는 저녁마다 삶의 방향을 잡는다

1판 1쇄 발행 2021년 4월 14일
1판 7쇄 발행 2024년 11월 19일

지은이 고토 하야토
옮긴이 김은혜
펴낸이 김영곤
펴낸곳 ㈜북이십일 21세기북스

서가명강팀장 강지은 **서가명강팀** 강효원 서윤아
디자인 THIS-COVER
출판마케팅팀 한충희 남정한 나은경 최명렬 한경화
영업팀 변유경 김영남 강경남 황성진 김도연 권채영 전연우 최유성
제작팀 이영민 권경민

출판등록 2000년 5월 6일 제406-2003-061호
주소 (10881) 경기도 파주시 회동길 201 (문발동)
대표전화 031-955-2100 **팩스** 031-955-2151 **이메일** book21@book21.co.kr

(주)북이십일 경계를 허무는 콘텐츠 리더

21세기북스 채널에서 도서 정보와 다양한 영상자료, 이벤트를 만나세요!
페이스북 facebook.com/jiinpill21   포스트 post.naver.com/21c_editors
인스타그램 instagram.com/jiinpill21   홈페이지 www.book21.com
유튜브 youtube.com/book21pub

서울대 **가**지 않아도 들을 수 있는 **명강**의! <서가명강>
유튜브, 네이버, 팟캐스트에서 '서가명강'을 검색해보세요!

ⓒ 고토 하야토, 2020

ISBN 978-89-509-9448-8 03190